假裝是個好爸爸

抓住上場好時機，老婆、小孩都愛你

麥可・路易士——著

Home Game: An Accidental Guide to Fatherhood

獻給昆茵、迪西和華克

你們要是不想看到書中的這些事情，那也不勉強啦。

review

各界推薦

我很喜歡《假裝是個好爸爸》，因為其實我也常「假裝是個好媽媽」，從這本書中，我們都學習當個不焦慮的父母。

——朱詩倩，紀錄片導演

作者用有趣的生活故事，拆解當父親的情緒轉變與應對方式，常常讓我哈哈大笑，推薦這本書給所有爸爸們！

——楊力州，紀錄片導演

豬隊友親身說出，身為人父這個人見人罵的角色，最爆笑又誠實的真心話！每句話都讓人怒拍桌又噴笑！「以前當爸的總是置身事外」這句誠懇告白，才翻了一頁第三行就讓人忍不住大罵「這種老公真該死」；下一瞬間卻又馬上承認說的對「殘酷的事實是，小孩愛爸跟愛媽一樣多」。聽到三歲女兒罵髒話力抗臭男生，爸爸竟然是驕傲又感動？缺乏睡眠、恍恍惚惚、通常不太愉快，這樣的話戳破多少洋溢親情的夢幻泡泡？沒看過這麼誠實的、豬隊友角度的、又笑又淚、最無隱藏的誠實告白。一面挨著打、挨著罵的爸爸們，辛苦你們了。

——劉宗瑀（小劉醫師），阮綜合醫院乳房專科醫師

路易士是我們這個時代最會說故事的作者。

——麥爾坎．葛拉威爾 Malcolm Gladwell，《引爆趨勢》、《異數》作者

這是引人入勝的生活紀錄，精心鋪陳，詳細描述爸爸們是怎麼成長……簡潔、明快而坦率，是父親節最好的禮物。

——《柯克斯評論》（Kirkus Reviews）

他的反思和記述，同時捕捉到身為人父的不安和狂喜。

——《出版家周刊》（Publishers Weekly）

路易士行文簡潔明快，像我們一般人呼吸一樣容易，卻充滿了省思與識見。

——馬克・崔西 Marc Tracy，《紐約時報書評》（The New York Times Book Review）

不加掩飾的坦誠，熱鬧而甜蜜的感傷……對於美國現代爸爸應該是什麼樣子的討論，行文堪稱大膽，但在許多方面頗見突破……非常直白！

——艾咪・史克萊伯納 Amy Scribner，《BookPage》

路易士真是能言善道的高手，連一些標準的爸爸故事（比方說，讓小孩穿著奇裝異服去上學）都寫得妙趣橫生，毫不陳腐！

——安・赫伯特 Ann Hulbert，《Slate》

目次

contents

Part2

第二個孩子——迪西

Part3

第三個孩子──華克

foreword

序言

我從我爸爸那兒繼承一種特別的天賦——懶散——在不引起大家注意下躲避麻煩瑣事，他幾乎把這個當作為人處世的原則。也就是說，大多數問題呢，只要直接忽略，就不是問題啦。而他的幾個孩子，多多少少也算是那些問題。

「甚至到你上大學之前，我也沒跟你說過什麼話嘛。」有一次，他看到我幫六個月小寶寶穿衣服時這麼說：「這些麻煩都是你媽包辦。」

雖然他說的未必完全正確，但應該足以通過測謊器了。我的父親就跟他那一輩的大多數父親一樣，對於小孩造成的麻煩和混亂，他們總是置身事外（我出生的時候，他也是接到電報才知道）。每次他出現在小孩面前的時候，往往都是我們不需要他的時候，從理論上來講，這應該會帶來某種難以抹除的情感距離吧，因為他不願承擔這些麻煩，在心理上一定要付出什麼慘痛的代價吧。然而冷酷的事實是，我們這些小孩還是一樣愛他，愛他的程度絕對不比愛媽媽少。雖然小孩的尿布疹從來不關他的事，他也從不負責準備午餐，或者是一遍又一遍地唱聖誕兒歌，但我們也沒有因此就不愛他，我們甚至不記得他的「不沾鍋」——這些麻煩事全都要靠我媽——而我媽也沒有因此被孩子們多愛一點。小朋友真是不懂得感恩啊！要是以買賣的角度來看，為孩子們東奔西跑忙東忙西，跟投資次級抵押貸款一樣傻！

等到我自己當了爸爸後，其實也只看過一個親身榜樣，也就是我自己的父親。我對這項工作的態度，當然也是從他那兒學來的。但是工作本身已經跟過去不一樣了。我從父親身上學會的是，對於教養小孩這種事，我只需要保有一種置身事外的樂趣，在旁邊當啦啦隊就夠了。但是只求置身事外的樂趣，在現代已經不及格囉！過去的光榮歲月如今已告結束。

這本書留下的快照記錄，有一天回頭看的話，我想可能是某種「身為人父的黑暗時代」吧。從我父親那一代事不關己的爸爸，到大眾認可也能輕鬆實踐的理想爸爸，我們現在顯然正處在某種長期的過渡轉型，而且不會讓人感到太愉快。到目前為止，理想爸爸應該是什麼樣子、有什麼標準，可說是放諸四海皆不準，別說是全世界都能接受，甚至連個地區性標準都沒有。就在我家方圓幾英里之內，我就能找到針鋒相對的兩派男女，一派認為我這個原始人應該多幫助可憐的太太照顧小孩，閉嘴甭再喊累喊煩；另一派則把我當作是新好男人的模範代表，因為我賺錢養家也照樣分擔家務，教養工作大概也親自承擔三十一．五％。「理想爸爸」的標準就像市場不知道商品的標價，大家要討價還價也沒個基準。這還算是好的，最糟糕的情況就是導致市場失能、世界大亂。

我們來做個簡單的思考實驗：假設現在有兩對夫妻，鮑伯和卡蘿、泰德和愛麗絲一起吃晚餐。他們兩家並沒有認識很久，這次餐會才知道彼此對教養事務的分工不太一樣。卡蘿和鮑伯的教養職責是採六四分；愛麗絲和泰德則比較像是八十／二十。鮑伯和卡蘿認為不該讓小孩看迪士尼頻道，但泰德和愛麗絲則認為如果運用得當，迪士尼頻道也可以是照顧小孩的好保母。除了這個爭執以外，這次晚餐可說雙方都很愉快。之後的狀況，各位覺得可能是：

A：各自回家後不再討論別人家不同的教養方式，或教養職責的分工。

B：他們承認自己家跟別人家是有點不一樣，但私底下也都認為這些差異無關緊要。教養職責一點都不麻煩，反而是種樂趣嘛！況且條條大路通羅馬，養育孩子不是只有一種方式。

C：回家後兩夫妻就有得吵囉。當然也不一定馬上就吵。愛麗絲回家後也許把這件事情悶在心裡，告誡自己什麼都別說。但到了某個時刻，她就控制不住，「其實我滿喜歡少看迪士尼的想法，我覺得我們家也可以這麼做。」她可能這麼說，或是說：「鮑伯早上開車送孩子去學校，讓卡蘿可以空出一段時間，這樣真的很不錯。」而那位鮑伯在回家路上或許就在想，為什麼每天早上都是我送孩子去上學啊。等到他說：「愛麗絲真是個偉大的媽媽啊！對不對？」

兩人就知道最近大概不會親熱囉。然後有趣的是，這兩對夫婦以後再也不會碰面。他們都說有空再一起吃飯吧，可是不知道為什麼就是沒再見面。

各位的回答如果是「A」或「B」的話，你可以跳過以下兩段。

這裡要問的是：為什麼跟那些教養職責分工不同的家庭稍有社交互動之後，很容易就會引發自己家裡的爭吵和衝突呢？像教養分工這種事情應該大家都覺得很重要，而且是深思熟慮以後才做的決定吧，但是這些決定很可能只是稍微接觸到不同的挑戰就垮了，甚至只是討論養兒育女一些假設性的問題，都可能針對父親和母親應該負責哪些事情爭得面紅耳赤，這到底是怎樣啦！

有一個答案是說：像這些私領域的重要事情，其實大家還是很在乎共同的標準。只要大家都一樣，他們也可以忍受教養工作上的一些落差；如果大家都一樣，他們對公不公平就不太會介意。但是這些事情到目前為止還沒什麼標準可言，以後或許也不會有。其實大家都是瞎子摸象，假裝自己有一套標準。結果，美國家庭生活的基本關係和摩洛哥露天市場一樣參差不齊。

我是從第一個孩子出生七個月之後，開始記錄自己當爸爸的體驗。我並不是從自己初為人父開始寫起，而是從巴黎開始，那個巴黎籠罩在一個七個月大嬰兒的陰影下。接下來大部分的內容都是在我三個孩子出生後的第一年內完成，那些日子大都缺乏睡眠、恍恍忽忽，而且通常不太愉快。這些內容大多數也是在事件發生後幾天內就記錄下來，因為我很快就發現，不管是什麼想法或感受，甚至讓人感到再驚奇的事情，要是不馬上寫下來，很就會忘得一乾二淨。這就是我開始寫這本書的第一個原因。喪失記憶可說是人類繁衍的重要關鍵。各位要是記得初為人父、人母那段慌張忙亂的日子，就不會到處扯謊說那件事有多麼美妙啦，而且你肯定不會想再經歷一次。

這才是我不斷記錄這些事情的主要原因：我應該要有的感覺和我實際感受之間，一直存在著讓人困擾的差距。原本應該是狂烈的喜悅——「是個男孩耶！你一定很高興！」——我卻常常覺得很困惑（那麼要是女孩的話，我就不應該一樣高興嗎？）；應該感到憤怒生氣時，我私底下常常覺得愉快；應該要擔心的事，往往又覺得無關緊要（「只流一點點血而已嘛！」）。有段時間我一直覺得有點罪惡感，後來我才發現，我身邊的爸爸們其實也都在假裝，假裝在做同樣的事情、體驗同一種感受，其實他們照樣會做各式各樣的事情，擁有各式各樣的感受。這本書就是一堆小故事的集合，我現在就用一樁沒寫進書裡頭的故事來說明這一點……。

那次是我們住在百慕達的漂亮飯店。這家飯店跟所有的高級飯店一樣，都很注意小朋友的吵鬧。所以那兒備有一個非常大的嬰兒游泳池，幾乎就跟成人泳池一樣大，兩座池子之間有一條狹長的水道相連。在嬰兒泳池的中間有一個熱水池，當然只適合小孩使用。我那兩個女兒當時是六歲和三歲，她們就在泳池和熱水池之間爬進爬出，玩得不亦樂乎。從這麼點小事就能領受到莫大的快樂，再也沒有比這個更天真無邪了是吧！

然後呢，不知道從哪兒冒出來四個大男孩，大概都是十歲、十一歲左右。

家裡只有女兒的家長都知道，不論在任何社交場合，男孩就只會惹麻煩而已。那四個大孩子也準備好要證明這一點。看到我的小女孩後，他們就搶走游泳池裡頭的泡綿浮棒，拿它們當武器甩來甩去；那個東西本來是要讓三歲小孩浮在水面的。他們逼近我六歲的女兒昆茵，在她身邊用力拍水，嚇得她都快哭了。我在嬰兒池和成人池之間的水道，猶豫是否應該過去干涉。這時候迪西搶先一步，她跳到姊姊前面，挺著她三歲的胸膛。

「臭男生！」她一聲怒吼，震得泳池邊大人紛紛從手上的丹妮．史迪爾（Danielle Steel）小說抬起眼睛，連那些男孩子都嚇了一跳。這時候的迪西火力全開，張嘴飆罵：

「你他媽的狗屁混蛋給我閉嘴！」

那聲音大到嬰兒池四周好像都快被她轟垮了。這時候有一位遊客放下他的約翰．葛里遜（John Grisham）小說，又有好幾本丹妮．史迪爾小說被塞進海灘袋。我還在成人池通往嬰兒池的淺水道徘徊，探頭張望。我最先想到的是：我、的、天、啊！然後是：沒人知道我是她爸吧！這時候我又往下沉了一點，像鱷魚一樣只露出眼睛和額頭；可是我心裡有一個嶄新的感覺浮上來：我覺得好驕傲！

此時我身後一位坐在沙灘椅上的女人喊道：「凱文！凱文！快過來！」

凱文大概就是甩著浮棒的十一歲男孩之一。

「可是，媽！」他說。

「凱文！現在就過來！」

那隻小怪獸氣鼓鼓地走到他媽媽身邊，其他幾隻也等著更高的審判。我靠得夠近，聽得見她正在責罵小孩。聽來真是爽啊。

「凱文，那個小女孩說的話，是你教她的嗎？」她問。

「媽！！！！！沒有！！！！！」

「不然她是從哪兒學來的？」

這個答案我剛好知道。幾個月前我載幾個孩子從學校一起回家時，她在車上學到的。那一次在車上有我的兩個女兒，還有另外兩個孩子，七歲男孩和十歲女孩。我一個人在前座開車，他們都擠在福斯的後座嘰嘰喳喳，我也沒特別注意他們在說什麼。

後來十歲女孩說：「迪娜今天說了一句髒話。」

「哪一句？」昆茵問道。

「『ㄅ』開頭的。」十歲女孩說。

「喔。」大家回答。

「『ㄅ』開頭的什麼話？」我問。

「不能講，一說就要惹麻煩。」十歲女孩很懂事。

「現在沒關係。」我說。

她想了一秒之後才說：「笨蛋。」

「喔。」我笑著說。

「瓦利說了個『ㄕ』開頭的！」昆茵說。

「『ㄕ』開頭的是什麼？」我問。

「傻瓜！」她大叫，大家都因為犯規的快感而咯咯笑。

這時候那個七歲男孩也急著參與。「我也知道一句髒話！我也知道一句髒話！」他說。

「哪句髒話？」我愉快地問道。總不能把他排除在外吧。

「你他媽的狗屁混蛋給我閉嘴！」

這可嚇得我趕快開向路邊，打開臨時停車的閃燈，然後開始對那些小鬼訓話，告訴他們這可是真正的髒話。不過那些小聽眾只是一逕地嘻嘻哈哈笑個不停。其中迪西特別想知道，到底是什麼原因讓她老爸把車停下來。

「他媽的笨蛋閉嘴，幹！」她說。

「迪西！」我說。

「爸爸，」昆茵似乎頗有領悟地說：「為什麼我們把什麼東西灑出來時，你就說髒話，可是你自己把東西灑出來，只會說『哎呀』？」

「笨蛋，幹！」迪西尖叫著，大家都笑開啦。

「迪西！」

她停了下來，其他人也沒再繼續鬧下去。後來的路上，我只聽到他們在後頭竊竊私語。

事情就是這樣。幾個月後，迪西在百慕達的飯店泳池抬頭挺胸大聲咆哮，我像隻鱷魚一樣躲在水裡，但感覺非常不同。我本來應該要覺得既尷尬又擔心是吧，我應該趕快把她帶出泳池，用肥皂把她的嘴巴洗乾淨是吧。可是我完全不是如此，反而覺得很驚奇，不只是驚奇，我簡直是讚歎啊！敢站出來對抗那群男孩，真是非常勇敢。而且還是站出來挺她姊姊，這可不是常有的事。所以我沒有阻止她，反而想看看再來會發生什麼事。

這時候在我身後才剛剛被他媽媽訓了一頓的凱文，也已經準備好再當一次混蛋，帶著真正的惡意重新回到嬰兒池。他像個準備大開殺戒的連續殺人犯卻接到超速罰單而被阻止一樣，覺得超火大，就算他確實犯了錯，可是並沒有教三歲小女孩說髒話啊。所以他現在想要報仇。他在熱水池重新召集人馬，準備再次作弄昆茵，迪西也再一次加入戰局。

「臭男生！」她又大喊，整個百慕達度假區的人都看過來。「你們這些臭男生當心！我在這裡尿了兩次！一次在熱水池，一次在冷水池！」

此話一出，男生們落荒而逃。當場的大人們議論紛紛，但也沒人出面把迪西帶出嬰兒池。迪西又回去跟姊姊玩，不過她姊姊的感謝之情似乎不如預期的高。至於那頭老鱷魚躲在水面下，轉身游開，消失在成人池的深處。他心裡想著，一定要給小女孩買個冰淇淋以茲獎勵。就算她媽媽不答應也要買。

Part 1

第一個孩子

昆茵

chapter 1

向過往生活道別

我們在聖誕節的幾天前，在戴高樂機場降落。隨身帶著一隻狗、一個嬰兒、九本教你怎麼跟法國人相處的書，本來還要有十一件行李但三件已經搞丟了。我們搭上一輛休旅車在車陣中走走停停九十分鐘，寶寶在車裡嚎叫，太太遮遮掩掩地餵奶怕被司機大哥看光，那條狗還在後座猛抓她的屁股。就這樣搞了好久，總算抵達左岸那個只看過照片的新家。這是躲藏在老公寓大樓後面的小花園，裡面擺著幾幢跟房間大小沒兩樣的房子。我們推推擠擠地下車，帶著蠕動不安的需求、希望和期待衝到前門。結果房東寄來的鑰匙，連鎖孔都插不進去，根本無法打開大門。

接下來的三十分鐘，我們在寒冷、灰暗的巴黎，坐在庭院等待，不知道該怎麼辦才好。我們這是自作自受，因為自己的罪過而遭受懲罰；既然想狂歡跳舞，就得付出代價。每次有人問我們住哪兒：「啊，說來話長，我們年底要搬去巴黎。」大家的反應都很好玩，不是超羨慕，就是假裝很羨慕，這真是讓人感到滿足啊。所以過去六個月來，我們都在扮演新角色：馬上要搬去巴黎的人。現在我們來啦，就在巴黎啦，半個人也不認識啦，法語只會一兩句，最好是承認自己不會說法語啦。而且我們搬到這裡根本毫無目的。我應該提醒自己，這才是我們搬來巴黎的重點。

大概是十八個月以前，我和我太太塔碧瑟搭飛機時，我跟她談到當大人真是不好。在種種不好裡頭之一就是，當個大人，生活一定要有個目標，我真不喜歡這種想法。不管你碰巧在做什麼，大家都會問你為什麼要做這個，沒過多久你也會順應大家的期待，想辦法編出個答案來。這樣的話，本來最沒有雄心壯志的人都能順利找到自己的偉大志向呢。等你把自己變成正常的大人，大概就不可能隨興地四處亂跑混日子。

當時懷著我們第一個孩子五個月的塔碧瑟還說，這種成人的壓力不可能很快有所改善，因為我們都快當爸媽了。其實我曾經以為這對我不會有太大的影響，不都說「為母則強」嗎？那我就不會有什麼事啦！塔碧瑟會一肩挑起所有麻煩事，我只需要在旁邊不時給個建議就夠了。這場子是她的個人秀，我只是在她旁邊加油添醋的播報員。但是在她懷孕的第五個月，這個幻想就被戳破啦。有個精通推卸責任、擁有不沾鍋驚人天賦的朋友寫信告訴我，他初為人父的經驗。

「還記得你自以為擁有的生活嗎？」他寫道：「如今，都不再是你的囉。」

總之，我們覺得生活好像有道門就快要關上了，要趕快開扇窗才行。我們坐在飛機上從這個聊到那個，東拉西扯，沒過多久飛機座椅背後放的旅行雜誌的世界地圖就攤在我們腿上。其實我們也不曉得要去哪兒，只想著一定要出國、要去某個地方。我有點想搬去非洲，我太太想去亞洲，雖然她比我更不知道為什麼要去亞洲，我雖然覺得不太公平，但還是以她為先。不過這些亞洲大陸、非洲大陸在我們的未來規畫中很快就消失啦，四十分鐘以後，我們把整個世界縮小為兩個城市：巴塞隆納和巴黎。幾天後我們去參加一個晚餐聚會。桌子對面，我的一個老朋友談到他在巴黎的姊姊說，巴黎那麼美的地方，現在卻被一些租房子住在那裡的人搞成這樣，真是讓人無法忍受。就是那兒了！我們的誇大幻想被召喚出來，連看都沒看就租下那間房子。

現在我們就在巴黎啦，在寒冷和黑暗中，沒有房子住又沒朋友，連說話溝通都辦不到。這一切真是讓人難以置信，我聽到自己在問：「我們到底在這裡幹嘛啊？」

這時候有位老太太搖搖晃晃地走進庭院的石頭路，朝著距離我家最近的門走去。原來是我們的法國新鄰居！一段遙遠的記憶讓我的精神振奮起來。

我第一次離開美國生活是搬去倫敦住，當時我正拿著鑰匙要打開新家大門時，隔壁花園有個老太太跟我打招呼。

「我的名字是阿曼達．馬汀，」她年老的聲音說：「如果你願意當我的朋友，我就是你的朋友。」

阿曼達．馬汀就這麼把我帶進她的生活，從此之後我有了一個朋友。她那一年就要滿一百歲囉，英國女王特別發來賀電祝壽。要是你認識的人在社會上是那樣的地位，你也會以為自己高人一等。所謂的「融入」，也就是像這樣在當地獲得一點地位。

我帶著盼望看著這位隔壁的法國老人。雖然我知道歷史看似要重演但其實並不會，但我心裡還是有點高興。我走過去為她開門，用法語說：「你好。」

她瞧都沒瞧我一眼，一逕低著頭搖搖晃晃直接走進她的公寓。當她關上門，爐子的瓦斯味也在庭院漫溢開來。

我身後傳來一個聲音說：「她年紀很大了，出門前忘了關瓦斯爐。」

我轉過身來看見一位年輕人，穿著海軍藍短大衣，頭戴黑色毛線帽，表情有點嚇人，好像是杜斯妥也夫斯基刻劃出來的人物，但口音聽起來完全就是個美國人。

他指著門後的法國老太太說：「哪一天她回來時要是點燃一根火柴，這裡就會爆炸。」然後他把手伸進大衣口袋，「我把你的鑰匙帶來囉。」他說。

chapter

2

一天從「換尿布大作戰」開始

住在巴黎的時候，我們每天早上開始的前半小時是這樣的：

每天早上七點到七點半之間，昆茵會開始唱歌。她那時候只有八個月大，還不會說話但她會唱歌，只是聽起來像是在做發聲練習。這時候我就要爬下床，跌跌撞撞地下樓打開暖氣機，它在法國工人的擺弄後大概連續運轉十二小時就會自動關閉。然後我要開始收拾廚房地板上的爛攤子，把維加斯（Vegas）趕到花園去，這一團混亂顯然是牠搞出來的。

牠來到巴黎以後，跟幾隻當地的狗學了一些爛把戲。這時候我大概會透過窗戶觀察牠一分鐘左右，看牠有沒有對放在外頭的卡芒貝爾乳酪（Camembert）打什麼鬼主意。我們就跟平常的法國人一樣，會把那個臭味熏天的乳酪放在屋外的花盆裡頭。這玩意兒就算是被關在冰箱裡面，臭味還是會侵占整間房子，威力強大。我想打開冰箱門拿罐飲料，馬上就被逼退三步；一分鐘以後，不論是誰都會驚慌地大喊：「快把冰箱關上！快關上！」這乳酪跟我們的關係已經到了勢不兩立、難以共存的地步。

確定維加斯沒有對卡芒貝爾乳酪動歪腦筋之後，我趕快上樓把小床上的昆茵抱起來，不然她唱完歌就要開始生氣了。我一邊上樓一邊唱著：「王老先生有塊地呀～」他有養隻公雞吧，我猜。所以雞叫「咕咕啼」就是昆茵張開雙臂，等著我把她抱起來的信號。被抱起來的她笑著踢小腳丫，好像有什麼很棒、很棒的事情正在發生。所以我也盡量不要讓她覺得失望，我們兩個一起拉開三樓的窗簾，看看隔壁灰濛濛的公寓大樓，看看那些法國人現在在幹什麼。通常呢，他們都在睡覺。這裡簡直是吸血鬼國家嘛，我家附近的街道大概到每天早上十點都還是空蕩蕩的。昆茵盯著老公寓一分鐘，叫了一聲「咕」，然後轉身張開溫暖手臂給我一個大熊抱。

等到要換尿布時，她的心情就變了。她一躺上尿布檯馬上就翻臉不認人，像個焦躁的賽車手等著換好輪胎，趕快飆出去。為了讓她乖乖躺好，有時間解開尿布、清理乾淨再重新包好，我得想盡辦法變出各種新花樣來哄她，讓她以為下一刻有什麼新奇的事情會發生，但是同一套把戲從來不能騙她兩次。比方說，今天早上我表演的「巴黎垃圾袋之舞」，雖然不是很好笑，卻也讓她看得目不轉睛。垃圾袋之舞就是把當地超市買來的藍色垃圾袋套在頭上前搖後擺，再拚命扭屁股，活似妖女莎樂美誘惑希律王。趁著昆茵被迷住時，我從垃圾袋騰出一隻手來料理她的小屁股，但這時候還是要扭個不停，片刻都不能停止，不然她就會馬上變臉，奮不顧身地跳出尿布檯。

換完尿布之後，我夾起昆茵像帶著橄欖球的球員向前衝，閃過低矮的樓梯天花板，搶進又窄又陡到難以置信的樓梯，鑽進我們的臥室。這時候媽媽還在睡覺，對昆茵來說，這是幸福的天堂。她高舉雙手歡呼，迎接愉快的慌亂，讓我又想起自己對孩子隱隱然的滿足感。不過我只是做個暖場而已，知道自己重要性的媽媽才是真正的主角，她從被子下探出手，把昆茵撈進被窩裡。

但我可沒空自艾自憐，這時屋外已經傳來陣陣騷動。我那隻狗現在也覺得跟牠的法國同伴一樣擁有「天賦狗權」，忙著用頭撞門。有時候我會故意作弄牠，趁牠卯足勁兒衝過來時，突然把門打開，讓牠像雜耍小丑一樣直接去撞牆。

chapter 3

「專業」嬰兒游泳訓練

我太太翻閱一本「法國兒童活動」的廣告小冊子，看到一張奇怪的照片，特別拿起來讓我瞧瞧，是嬰兒和大人一起在水裡游泳的照片。這真是讓人難以相信，六個月大的嬰兒可以學會在水中憋氣，而且還會滑動雙臂，游到泳池的底部。我到現在還記得這則廣告說，要趁寶寶懂得害怕之前學會游泳。為了讓寶寶學習適應水，他們會在一個水溫跟子宮一樣溫暖的游泳池提供三十分鐘的私人課程，這廣告上打著公司名字，叫「水嬰兒」（Bébé l' Eau）。

我覺得這則廣告好像是一種法國的商業噱頭，其實是在利用新手爸媽的不安全感。如果你是天生怕東怕西的父母，那簡直就是大家都搶著挖的寶藏。

新手爸媽常常不太理智，任何事情都擔心得要命。比方說，我現在就擔心昆茵不知道什麼時候才會走路，不過我又覺得，她會走路的時候自然就會走了嘛，而且一定可以走得很好。但我太太說不可以這麼想，我們一定要把它當作一回事，她才能走得好。可是你什麼時候看過大人還在地上爬的？

我在看水嬰兒廣告時，想起自己學游泳也沒碰過什麼困難，我也不記得自己小時候曾經在跟子宮溫度一樣的水池裡，接受什麼三十分鐘的私人課程。不過塔碧瑟想得比我遠，她已經想到好幾年後了。

「萬一她怕水，學不會游泳怎麼辦？」她說：「萬一她掉進游泳池裡頭怎麼辦？」

打了很多通電話之後，她終於跟水嬰兒的人聯繫上。他們說我們需要填一些表格，晚一點會寄過來。這聽起來不太妙，的確是不太妙。一個星期以後，一個厚厚的信件躺在我們信箱，裡頭除了一大堆要求之外，還要我們出具法國小兒科醫生證實昆茵已經接種疫苗的證明，另一個是像要參加法國一級方程式賽車的規格，要大人也提供沒有罹患罕見皮膚病的證明。就算是在美國老家，這些要求看來都像是小題大作，為了這點小事搞得這麼麻煩，看起來很不值得。

但是，這一切都不容拒絕，因為關係到我們孩子的生命危險嘛。事情搞到這種程度，塔碧瑟就更想參加水嬰兒活動了。

「會這麼麻煩，不就是代表它真的很必要嗎？」她拚命地說服我，說這不但可以救昆茵一命，而且在一個子宮溫度的溫水池上私人課程也一定很好玩。

她幻想著我們三個人從那些煩人的日常瑣事中解脫出來，一起快樂地游泳，在水中漫遊。接下來是花了兩個月，在電話中結結巴巴地用法語溝通，又去看了好幾位醫生，總算搞定那些書面文件，寄回給水嬰兒。幾天後水嬰兒的人打電話過來說，我們可以去上私人課程囉！

到了指定日期和時間（星期天，才剛天亮），我們全家爬進計程車。水嬰兒附近是個奇怪的市場，地段看來不挺高級，到了那個地址，只看到一道門通往潮濕發霉的長長巷子。我們在巷子裡走了好久，才走進一個空蕩蕩的房間，裡頭只有幾排硬梆梆的木頭椅，牆壁的油漆斑剝，有張看來沒人在用的辦公桌上堆滿了沒打開過的信件。雖然現在我們像專屬貴賓，不過感覺不太對勁。

我們待了十分鐘左右，聽到遠遠的某處傳來潑水聲，好像是從另一道走廊的盡頭傳來的，我們循著水聲找過去，發現一扇關著的門，打開門後看到的景象是，一個跟按摩浴缸差不多大小的池子，裡頭擠著十來個衣不蔽體的法國人——我忍不住注意到，其中有兩位的背上還發著鮮紅色的疹子——還有五、六個小孩，有幾個臉上掛著鼻涕。有個法國男人戴著浮潛面罩和呼吸管，不過擠成這樣也派不上用場啊，他揮舞著幾個洗澡時玩的塑膠玩具，大聲說著一些什麼。任何有理智的人走進這裡，都會不解地問：「幹嘛這麼多人擠在一個小浴缸啊？」

我轉頭看塔碧瑟，她眼裡泛著淚光。「他們說是私人課程啊。」她說。

「你們是誰？」咬著呼吸管的法國人朝我們喊道。

我解釋了一下，不過對方好像聽不懂。

「反正，就過來吧！」他又喊。

除了過去，也不能幹嘛對吧。雖然看來是沒有空間再容納三個人了，我們還是擠進那個按摩浴缸。如此一來，我們也進入了我所謂的「法國怪奇專業」的領域。

法國人在各種奇奇怪怪的專業領域聞名於世，不管是釀酒、飲食、做愛等等，他們都有各式各樣的專家，但他們也擅長創造「主題」，讓自己成為這個新領域唯一的權威。巴黎盧森堡公園那邊有個法國女人說自己是鞦韆專家；

我家附近路口有個俱樂部，是一群詭異的人類學家在裡頭鬼畫符；我隔壁鄰居常常舉辦聚會，都是一些對哥倫布（Christopher Columbus）寫給兒子的書信感興趣的人來參加。

所以啦，雅克・考克多（Jacques Cousteau）是法國人絕對不是偶然，法國人最擅長找到全世界都沒人注意到的地方殖民占領。在此，水嬰兒就是個例子：「專業」的嬰兒游泳訓練啊！

接下來半小時發生的事情，我到現在還是搞不太清楚。那個戴著浮潛面罩、咬著呼吸管的先生，對這項工作可是非常認真，他現在不管其他人，重點就擺在我們三個新來的身上。首先，他讓昆茵套上一個三角形的浮板，就在她的眼睛開始出現恐懼時，他從背後拖著她向前游出去。

昆茵最後終於號啕大哭，這時候他還把她的頭壓進水面下，那個跟子宮一樣溫暖的水。昆茵浮上來後氣急敗壞地拚命找媽媽，她媽媽在後頭也拚命地趕過去。不過那位法國老兄對這個結果似乎非常滿意，問我們下個禮拜是不是還會再來，一定會有更大的進步。

這次奇特經歷中最特別的是，結束時我們全家竟然都有同樣的感覺——就算我們只是一家三口，這種同心一志的情況也是很少見——在離開水嬰兒回家的路上，我們都想著：很好！這件事總算結束了！

chapter 4

陪孩子上成長課程

在非常偶爾的日子，我也要分擔照顧的工作，這時候住在巴黎的心情就不一樣了。尤其是我答應每週兩天早上要帶昆茵去上「健寶園」（Gymboree）課程，那感覺更是如此。在巴黎的早上常常叫不到計程車，當我餵飽孩子之後到趕著出門之前那幾分鐘裡頭，我家廚房牆壁常常回盪著一句沒說出來的話：「你現在才曉得我過的是什麼樣的日子！」

其實照顧小孩，如果只是偶爾的話，也不會太糟啦。我在健寶園就被當作是個迷人的怪胎——早上特別請假帶小女兒來上課的好爸爸。這裡的大人大概有三分之一是保母，其他則是孩子的媽媽。她們都覺得，男人大白天有空帶小孩，真是有趣又可愛，當然我也是努力假裝自己有趣又可愛。照我的推斷，從這點和其他證據來看，法國男人對老婆可是比美國男人還大男人。如果是在美國，或者說至少是像我這種社經地位的美國男人，除非你在外頭真是在賺大錢，不然最好還是假裝一下自己很照顧孩子。而法國人是出了名的不熱愛工作，一般人也許以為法國男人應該更常幫小孩背著健寶園的小書包吧。那你就錯啦！他們才不會，除非是週末沒班可上，沒別的事情好裝忙。

有一位笑容滿面的好心太太，幫班上九個小朋友在胸前貼上名條。九個小傢伙耐心地坐在地板上，互相盯著對方的名條，好像是一群業務員一起開會，但昆茵可不準備依樣畫葫蘆。我把她放下來，表示我們也要加入課程時，昆茵馬上弓起背展現她的獨特「爬」姿（她兩腿打直，膝蓋不著地，只用雙手和腳掌撐著地面），朝屋裡的玩具衝過去。等我追上時，她已經爬上橡膠樓梯的一半，嘴裡啃著一顆紫色的玩具球，聽到熟悉的健寶園號令：「小朋友們，大家好！」（法語），她才不再往上爬。

負責健寶園課程的太太好像米老鼠歌舞團的團長，看上去甚至有點像是美國女影星安芮特．佛妮切羅（Annette Funicello）。她帶著巨大的「健寶」布娃娃愉快地踏進教室，尖著嗓子跟小嬰兒們打招呼。

「你好！昆茵。」（法語）

我很擔心昆茵使出平常的壞脾氣，不管是誰出現，健寶娃娃或健寶園老師，都得領受她的拳打腳踢，破壞健寶園的濃郁溫馨（這雖然假假的卻是他們的信譽保證）。

不過今天不知道是什麼原因，昆茵乖得很，而且好像還很享受健寶園遊戲的開始儀式。在每節課開始的時候，每個媽媽或伴隨上課的大人，都要托著小朋友的腋下，跟在健寶娃娃後頭，煞有其事地在教室裡繞一圈。繞行結束時，家長要叫「喂～喂～喂～」，然後把小孩帶到教室中央，排排坐在健寶園老師腳前。

我聽說健寶園其實是美商企業，但它在國外找不到更肥沃的土地生根立足，為混亂市場注入有序的愛。就跟水嬰兒一樣，它看來也是精心打造，針對嬰兒成長的科學機構。只是在那層「科學」表象之下，其實就是嬰兒版的《蒼蠅王》（Lord of the Flies）。拿今天來說吧，健寶園老師搬出各種道具，整間教室布滿了梯子、滑梯、桶子和蹺蹺板（小嬰兒們就在裡頭打來打去搶著玩），裡頭還掛著幾個顏色鮮豔的袋子，裝滿氣味濃嗆的香料。她解釋說讓小嬰兒把氣味和場所聯繫起來相當重要，可是那口飛快的法語搞得我精疲力盡，我想認真理解，但一兩分鐘之後就已經頭昏腦脹，我得拿出全副精神才知道我跟昆茵接下來要做些什麼。顯然我應該帶她四處繞一下，好好地嗅聞每個袋子的氣味，不過我家昆茵還沒讀過普魯斯特，她對嗅覺沒興趣嘛，眼睛還是盯著那個滾到角落，沒有氣味的紫色玩具球。

我的小孩對個人成長就是沒興趣！雖然我覺得這很正常，也得裝模作樣地掩飾一番。要是健寶園老師注意到我這個爸爸怠忽職守，可能又會過來用甜兮兮的假音訓我一頓，那些法國媽媽看到可是樂得很，所以昆茵跟我得互相妥協，我讓她高高興興地爬樓梯、溜滑梯、追逐那顆紫色玩具球，不必管那些香袋，不過要是健寶園老師注意到我們，我就得抓住最近的香袋湊到她鼻子前，就像銀行搶犯要迷昏警衛一樣。這時候的昆茵可不依，又是尖叫、又是大哭，淚珠兒滾滾下來。「非常好！」健寶園老師邊說邊走過去，我才鬆了一口氣。她走過之後，我自己湊上鼻子嗅了一下，一股嗆鼻的狗屎味！我很想問這是在幹嘛啊，但當然沒說出口。搞不好其中一袋真的裝狗屎，是做對照組用的。

法國健寶園課程的最後就跟開始一樣，又是一個嚇人的團體儀式。小嬰兒們再次集中在教室中央，然後健寶園老師開始在他們頭上吹泡泡，小朋友們都好高興，有這麼一陣子彷彿是個溫馨樂園。健寶園老師吹完泡泡後，馬上拖出一頂色彩繽紛的降落傘。各位要是想了解小嬰兒知不知道自己想做什麼，歡迎來參觀一下健寶園的降落傘儀式就會曉得。當他們從教室各處被抓回來，排排坐在降落傘上頭時，媽媽們開始唱起一首不知道是什麼的法語歌，小朋友們全部變得安靜而嚴肅。等到媽媽們幫忙健寶園老師一起撐起降落傘，準備把它罩在小嬰兒頭上時，天下就大亂啦！要是沒看過小嬰兒拚命想要逃離從頭罩下的降落傘，那你根本不知道嬰兒爬起來有多猛。就在那幾秒鐘，嬰兒這裡、那裡到處亂爬，就是不會待在他們應該待著的位置。結果那頂降落傘直接著地，什麼也沒罩住，然後整個課程就跟平常一樣，在一片混亂中結束。

隨後的二十分鐘，在搭計程車回家的路上，昆茵還是哭哭啼啼的，不過回家後我們可高興了，而且我還能繼續幻想自己真是個令人驕傲的老爸！願意花一整個早上什麼都不幹，就只是陪孩子去上課。

chapter 5

冷板凳球員上場時機

坦白說，過去幾十年來美國男性坐在談判桌面對女性，就只有被痛宰的分。在那張他簽下的協議中，只會得到各式各樣好爸爸的責任，完全不會獲得他希望得到的回報，老婆也不會更愛他，因為大家都鼓勵女人把老公看作是不太可靠的員工。小孩更不會特別愛他，不管他到底餵過她幾次、幫她換尿布、帶她去散步，結果在緊要關頭到來時，孩子還會先找媽媽。國家體制也不會給男人多少讚美，儘管就是它強迫男人簽下這紙協議。女人看到推著嬰兒車的男人也許會笑一下，但這只像是高高在上的征服者，帶著一點溫和謙虛看待不戰而敗的士兵，這時候的男人只會羞恥地轉移目光。美國爸爸們的感覺，大概就跟柏林圍牆倒塌後的戈巴契夫一樣，棄械投降卸下權力，震驚全世界，並且受到大家的輕視。現在他忙著襁抱提攜、忙著接送小孩，累得慘兮兮又牢騷滿腹，全世界都看到啦，而且心裡想著：啊！你這個可憐的老混蛋！

不好意思，我離題了。

我上個禮拜有天晚上回家後和照顧小孩的保母換手，發現昆茵的額頭上有三個鮮豔紅點而且還發燒，這可是她人生第一次發燒。根據家庭政策指導手冊明確規定，我們的孩子要是發生任何嚴重問題，都要先向她媽媽反應，然後待在她身邊等候進一步指示。我就說嘛，就小孩的事情而言，美國爸爸永遠排在媽媽後頭。

不過現在第一順位不在家，也不知道要上哪兒找她，而孩子急需救助，看來也只有我能幫忙啦。這種情況可是第一次。了解到自己處於義不容辭的前線作戰位置之後，我也馬上又體認到：過去一年來昆茵一有什麼狀況都要先找媽媽，這一次總算是我證明自己也夠資格看顧小孩的機會。

我馬上打電話給神奇的「急救醫療」（SOS Médecins）服務網，五分鐘之內就有一位穿得人模人樣的法國醫生來到我家門口。他開著一輛白色小車，車身有個十字標記，看起來有點像是第一次世界大戰的救護車。他大概是我見過最讓人放心的醫生，一舉一動毫不猶豫。幫小寶寶看病跟為大人看病不一樣，其實比較像是面對生病的狗，因為小嬰兒說不出哪裡疼、哪裡痛。但我們這位法國醫生證明這完全不是問題。他走進屋裡，發現在沙發上咯咯笑的昆茵，就心領神會地笑著說：「是水痘。」

水痘！他在距離十五英尺就已經確診，之後又花了三分鐘檢查小病人。除了水痘之外，他發現耳部和喉嚨都受到感染，還有我也知道的發燒，以及其他一些跟水痘不相關的小問題。他的診斷如此神速，我還以為他會發現瘟疫或是什麼大病呢，不過他的診斷是這麼迅速確實又有自信，實在是讓人無可挑剔啊。看完小病人以後，他在我家廚房桌上開出兩頁長的處方，我根本看不懂那些鬼畫符，但他說吃了藥之後，小孩一定會覺得舒服一些。這個診察從開始到結束大概花了十五分鐘，要價不到四十美元。法國萬歲！

我拿處方單抱起昆茵到對街的藥房——在巴黎買什麼東西好像都在對街就買得到——離開時帶走一大塑膠袋的藥。接著是我這個好爸爸展現潛力的神奇時刻，我還成功讓她吃下一些藥呢。

這一切真是讓人非常興奮，不只是因為治好自己小孩的病而感到高興而已，此時此刻，我感受到身為父親的一股莫大力量！就像是當年雷根遇刺，國務卿亞歷山大・海格（Alexander Meigs Haig）說的一樣：這裡由我做主！

塔碧瑟回家了。

「發生什麼事了嗎？」她問。

我告訴她所有經過，我邊說，就看到她的眼裡泛起淚水。我對自己感到再高興不過啦！可惜我根本誤解她的意思，我本來以為是因為自己表現得太好，所以她感動到哭了。在我們孩子難過的時候，本來會是先找媽媽尋求安慰，可是媽媽那時候不在家。我就像在球賽的最後幾秒鐘，從冷板凳最遠的一端被替換上場的球員，教練說最後這一球就看我的了。結果是空心刷網得分！

那時候我還傻傻地等，一定會得到掌聲和鼓勵吧！但她什麼都沒說，我從她臉上看出來，她不只是不高興而已，而且是很生氣。她走到廚房水槽邊，把那些髒碗盤弄得砰砰作響。她到底是在生誰的氣啊？我不知道。但這時候該謹記重要的真理，這是談判桌上的鐵則：你要是不知道老婆在生誰的氣，那肯定就是你！

「你為什麼這麼不高興？」我問說：「最麻煩的事情已經結束啦，我都處理好了嘛。」

「我真希望……當時我在家。」

「為什麼啊？」

「如果我在的話，就能問對問題，把事情搞清楚。」

喲！原來是我沒問對問題啊。但她怎麼會知道呢？那些髒碗盤又砰砰作響一陣，她才說：「你有問醫生說，他怎麼知道吃這些藥沒錯？」

「唔，我沒問耶。」我當然沒問啊，他就是醫生嘛。

「那你有問他說，如果這是水痘的話，為什麼她以前就發過這種紅點呢？」

「有嗎？」

「而且你有沒有問他，為什麼紅點只發在她的臉上？」

大會檢視球賽錄影後，我那球三分球被沒收，球隊輸了，我又回去坐冷板凳而且是坐到最後面去。那些好爸爸、好媽媽應該都會想到、都會問的問題，我一個也沒想到。

「醫生說那些紅點明天會擴散到全身。」我回答了一個她沒有問過的問題。

「我認為我們應該找別的醫生。」她說完後抱起孩子就走，走去哪兒都可以，就是老公不要跟著過去。

等她們離開後，我才第一次仔細查看那些藥品的說明。我最先撿起其中兩瓶，寫著「六歲以下孩童不適用」，真是太可怕了。有一瓶我以為是擦水痘紅點的軟膏，仔細一瞧才發現是喉嚨痛的噴劑。有一罐油膩膩的，那個四十美元就到府看診的法國醫生說是直接噴在水痘上，結果卻是奇怪的乾粉末，也不知道是要用在哪，除非你不小心沾到快乾膠。孩子要是單獨跟爸爸留在家裡，還真是小命難保。

隔天那些紅點並未擴散，而且燒也退去一些。又過了一天，燒已經完全退了，幾顆紅點也漸漸消褪不見。我覺得這些狀況都很好嘛，表示昆茵的病已經痊癒。不對，是我治好昆茵的啊。那個醫生也說過，有些很罕見的水痘病例，病情輕微，紅點不會擴散：這裡就一個嘛！但我太太認為那個醫生把事情搞糟了，孩子一定有別的問題，有到現在還沒檢查出來的疾病。

「我要送她去醫院！」她說。

當爸媽的人的語言，就像是密碼一樣。一位媽媽要是跟爸爸說：「我要送她去醫院」，她的意思其實是：「我們都要一起去醫院，你要是膽敢出聲抱怨，就算只是多說一個字，就足以證明你就是一個不懂得愛、沒能力去愛家人的男人。」處於不安的母愛是自然界的一種不可抗力，千萬不要跟它對抗。

於是我們出門搭上計程車，再去找醫院。進了醫院，我們在一間有很多玩具的房間等候，不過昆茵對那些玩具沒什麼興趣，只是黏著她媽媽，跟過去狀況一樣。二十分鐘後又一個穿著體面的法國醫生出來招呼我們，跟前一位相比如果說有什麼差別的話，就是這一位看起來更加自信也更可靠。

他瞧了昆茵一眼，就笑著說：「這不是水痘。」

塔碧瑟顯得很滿意。

「那麼這是什麼？」我指著昆茵額頭那些消褪的紅點問道。

「蟲子咬的。」他說。

我拿了罐噴劑給他，問說為什麼上一個醫生叫我把它噴在水痘上。

「我不知道耶，可是這是噴喉嚨痛的藥啊。誰說你女兒得了水痘啊？」

所以我告訴他整個經過，又給他看那兩張處方箋，剛好最上頭有前一位醫生的簽名，結果這只引來更多笑聲。

「某某醫生啊，」他說：「他根本不懂兒童醫藥。」

「你認識他嗎？」

「他是我打高爾夫球的球友啊。」他還在笑，這大概是他今天聽到最好笑的笑話。

「他高爾夫球打得好嗎？」

「打得很好！倒是執醫的時間不太多。」

在回家的車上，我們全家情緒高昂。昆茵已經治好了，或者說跟沒病一樣，也仍然偎在媽媽身邊。我又回去坐在冷板凳的最後面。還有，雖然在孩子生死交關中我全完暴露出自己的無能，但她們還是一樣愛我，某種自然秩序也再次恢復正常。

Part 2

第二個孩子
迪西

chapter 6

陪產的作戰守則

當老婆要生的時候，我最大願望就是希望自己在那時候保持清醒。三年前我們第一個孩子出生的時候，我正在趕一本書。我當時認為當了爸爸以後可能無法分心照顧那本書（這個猜測完全正確），所以當時我天天熬夜寫稿，趕在寶寶出生前把那本書寫完。那時候我每天吃完晚飯就伏案趕稿，一晚灌好幾杯咖啡，常常要工作到凌晨四點，然後再喝幾杯便宜的酒讓自己昏睡過去。結果那天塔碧瑟羊水破的時候，我已經灌下三杯莎多妮（Chardonnay），對什麼事情都沒感覺了。但我還是開車送她去醫院，車速是每小時五英里，更扯的是我最後就在產房裡昏倒了。一醒過來剛好見證自己的第一個孩子（昆茵・塔露拉・路易士）出生，不過我的形象也因此全毀。所以過去的兩年又十一個月，我一直慘遭數落的罪就是：「我們孩子出生時，我老公喝得爛醉如泥。」現在洗刷冤屈的最後機會來了！這一次我一定要好好把握。

我記得是在一個星期一的晚上，就在雞尾酒開始之前，塔碧瑟說她有感覺了。一小時後我們已經在醫院接受陣痛階段分級；再一小時後我們在醫院大廳走來走去，好讓她的分娩進度加快到產房護士可以幫她安排床位。根據一些過去的模糊經驗，我對這家醫院也有點了解。我記得有個祕密的廚房，裡頭有葡萄汁、碎冰和草莓冰棒，我還隱約想起自己是怎麼騙到一間單人房休息室。我大學時就一路跑趴到畢業，到現在要是回學校參加校友活動，都希望同學們忘記我當時是什麼鬼樣子。

有一件事情我很肯定的是，要是他們問你是要搭車回家，在自己家裡的隱私氣氛中生小孩，或者是在醫院的產房生，一定要馬上選醫院的產房。所以我們就進了醫院的產房，我坐在塔碧瑟床邊，看著護士從許多機器接了九條管子、線路到她身上，什麼麻醉藥滴注器、抗生素點滴、量體溫的、量血壓的、純氧面罩、嬰兒與產婦的心跳監測，還有天曉得是什麼玩意兒的一些東西。

然後呢……然後什麼都沒發生。接下來的十個小時，我們就坐在那兒滿臉期待，如同二戰電影中的臨時演員傻等叢林中的日軍來犯。從女人的角度來看，分娩的確是一場重度勞動；但對男人來說，就是「等待」。你老婆要生產時，你就只能一直等。

不管有多少證據顯示其實剛好相反，女人生產時都會相信守候床邊的男人是全心全意在她身上。但這當然不可能啦！所以那個守候中的男人要懂得掩飾自己的個人利益，他要學會假裝去上廁所，其實是去喝點葡萄汁。餓了的時候，要一直等、一直等，等到老婆打瞌睡，才吃一點剛剛偷偷去樓下自動販賣機買的巧克力鮮奶油夾心酥和洋芋片。

在這場艱苦考驗中的某個時候，會有個醫院的人突然注意到他，好心地問道：「這位把拔還好嗎？」但他必須明白，根本沒人在意「把拔」好不好，所以他的疲憊、他的憂慮、他無聊得要死、他對醫院自動販賣機的商品感到失望透頂，這些最好都不要提起。首先，他一定要了解的是，這個無私無我只關心老婆的好男人假面具萬一掉了，那就是人贓俱獲當場被逮個正著。

「你現在吃點東西，會不會好一點？」我問。

「我想不會。」（氧氣罩後面傳來悶悶的聲音。）

「他們這裡的自動販賣機有賣巧克力鮮奶油夾心酥，有香草糖霜的那一種。」

譴責的眼光瞪著我。「你太過分了吧！」又過了一會兒，一個疲憊的聲音說：「你如果想吃什麼，就去吃吧。」

歷經漫長的厭煩，待產十四小時以後，寶寶開始擠向出口，但之後又停頓下來。值班醫生過來探試了一下，然後脫掉她的手套，瞪著我們看。

接著又來了一位醫生，這才是塔碧瑟的醫生，才剛度假回來。塔碧瑟的醫生也許是加州柏克萊最不像婦產科的醫生。比方說，他對產婦那些幻想或一時興起完全沒興趣，他沒空搞迷信，他對科學力量的信念俯仰無愧，就算被一群產婆包圍抗議也沒用，他認為生小孩最好的方式就是在醫院的病床上，而且腰部以下進行痲醉。總而言之，他就是和我一樣的人。我最欣賞他的一點是，碰上一些無知的恐懼，他只是一臉的蔑視，恐懼就煙消雲散了。在他身邊，塔碧瑟感覺比自己還可靠，這對她來說可是少有的經驗。

塔碧瑟的醫生以醫學行話詢問值班醫生，他們說了大概兩分鐘，雖然是英語沒錯，但跟醫生的筆跡一樣令人費解。這時候我想到，了解狀況應該也是我的責任吧。

「狀況是怎樣？」我問。

「寶寶的臉會先出來。」值班醫生說。

「這樣不行嗎？」

「這樣出不來。」塔碧瑟的醫生說，產房中飄出著不太妙的感覺。

「這樣抓不到施力點，轉不過來。」值班醫生說。

雖然都沒說到「剖腹」，但兩位醫生已經充分表達出這個意思了。當塔碧瑟的醫生湊過去看看有什麼辦法時，我拿出自己多年來在所羅門兄弟公司兜售債券的看家本領，俯身說服塔碧瑟接受剖腹產。她假裝點頭同意，但眼裡泛出淚水。醫生當然注意到她的不安，馬上做出回應。在我還沒搞清楚狀況之前，塔碧瑟的醫生就一手拿著一個大吸盤。

「我拉拉看能不能把寶寶拉出來。」他換了語氣說道。現在他不像個醫生，倒像是深海漁夫，坐在汽艇後頭一手拖著一大群鮪魚，另一隻手拿著啤酒。

塔碧瑟的頭從枕頭抬起來。「要是寶寶有任何危險，我寧可剖腹。」她說。

「沒這回事！塔碧瑟。」醫生搖著頭，像是在對我說，其實是在自言自語：「她可真會想啊，以為我這樣會讓寶寶發生危險。」

十分鐘以後，這是我到現在還不明白的某種奇蹟，他把小女嬰拉進這個世界。當我的眼睛與塔碧瑟的眼睛相會時，我高興地哭了。但我從經驗得知，這只是一種短暫的興奮，之後還有許多我不太了解的情緒尾隨其後。

chapter 7

昆茵成為姊姊

在醫院被整治完以後，最能休養恢復的地方還是在醫院。塔碧瑟搖搖晃晃地離開產房下到大廳，回到她的休養病房。她在產房時大家都關心照顧她，讓我感動到快哭了，但是等她回到休養病房，彷彿變成麻煩似的。你可能以為在醫院婦產科工作的人對新媽媽會有特別的感覺，那你就錯啦。有些人是沾沾喜氣，有些人為你高興，可是還有不少似乎是對膽敢生小孩的產婦感到憤怒。為了讓她不敢再來，他們每二十分鐘就用便盆敲門，整晚在走廊上大呼小叫，對於她的溫和請求視若無睹，簡直跟老蘇聯的邊境衛兵一樣溫馨感人。

「靠！太棒啦，媽的又來一個小寶寶喲。」當他們對著我臉色蒼白又疲憊的老婆大聲嘆氣時，我猜想大概有人是想這麼說的吧。這或許是醫院的計謀，讓產婦在這種氣氛下不敢在休養病房待太久，而為此醫院做足了盤算，日後萬一出事，可向法院證明與醫院無關。

那些就先不管了。孩子出生之後我該做些什麼呢？上次是這樣的，我就在我老婆床邊的椅子上縮成一顆球，保護她不會被醫院員工騷擾，然後每半小時彈起來一次，跑去看看昆茵還在不在，有沒有被人偷偷抱去賣掉。但這一次不同，這一次我可以自由地離開醫院，而且這還是我的重責大任呢。我太太和我都同意，家庭的和樂這次全都要看我的了，因為我現在準備回家接昆茵過來醫院，讓她知道爸媽沒騙她，她以後的生活會變得更好。

從過去的幾個月來，塔碧瑟就一直幻想我們的洗腦會達到效果，讓兩歲半的昆茵以為迪西出生對她是件好事，不會分掉許多爸媽的關愛。平常我們就讀蘇斯博士（Dr. Seuss）的童書，或者像《我是大姊姊了！》（I'm a Big Sister!）或《噓～不要吵醒小寶寶》（Hush, Don't Wake the Baby）之類的書給她聽。

每天晚上，昆茵把頭靠在媽媽的肚子旁，跟她想像中的小妹妹說些童言童語。幾個星期之前，我甚至開車載她到醫院，帶她四處參觀，向她說明生產的經過，讓她覺得這是個雙贏的局面，又在醫院的自動販賣機買巧克力甜甜圈鼓勵她。

我從醫院回家後，發現昆茵跟過去一樣很高興。

「爸爸！」她大聲叫我，馬上離開保母撲到我懷裡。然後才發現少了什麼。

「媽媽呢？」她問。

「媽媽生了小寶寶喔！」我說：「是個妹妹！你現是大姐姐了喔！」

「可是媽媽在哪裡？」現在她可不是快樂、可愛的小朋友，比較像是傷害案件的律師在問證人口供。

「在醫院啊！跟迪西在一起！」

「我希望全家人都回來。」她說。

「不過你現在多了一個家人，我們現在還多了迪西。」

「我討厭迪西！」她說。然後，露出牙齒地大吼著。

這可是不太妙的開始。當爸爸的人要是毫無準備，事前沒有做好功課，碰上這種情況可能就會講出一些傻話，比方說：「這樣講表示你不乖喔」或者「你不可以討厭迪西，你要喜歡迪西。她是你妹妹啊。」

不過我已經讀了不少養育指南，光是塔碧瑟轉來我信箱的文章就一大堆。而且她每星期參加媽媽課程，常常轉述告訴我，我也很專心聽。她在我家冰箱上貼著一些教養有關的漫畫，我也都注意到啦。所以我知道現在不能強迫昆茵的想法，而是要先確認她的感覺。

「你討厭迪西，是因為你害怕她把媽媽搶走是吧？」我說。

「是。」她說。

「是嘛。」我跟著說。

然後……然後我就卡住啦，不知道再來該說什麼。我那時想到的是：那你當然會討厭迪西，因為她就是搶走了你媽媽啊。我要是你，我也會討厭她。其實我心裡還覺得有一點點驕傲呢，因為她能明白現在的情況，知道自己的權利受到侵犯，這樣的孩子以後在自由市場經濟裡頭肯定幹得不錯！

但是第一步失效之後，那些育兒指南可不會告訴你下一步該怎麼走。我現在可以利用的就是小孩往往沒什麼行動邏輯這點。

「所以你現在要去看迪西嗎？」我說。

「去醫院嗎？」

「對，要去醫院。」

她想了一下，「那我可以吃巧克力甜甜圈嗎？」她問。

這趟醫院之行也算是功德圓滿，買了甜甜圈就讓和平會談順利啟動。不過那天晚上我送昆茵上床睡覺時，事情就不大對勁囉。她先是堅持要我把頭靠在床尾，然後把她的小腳丫跨在我頭上，接著又要我讀三本故事書再講兩個故事，過去只要讀兩本、講一個故事就夠了。

最後我關燈時，她說：「其實，你忘了親我。」我親她一下。

「親一下是不會消除所有憤怒的。」好不容易她才說：「爸爸晚安。」這種聲音我從來沒聽過，像是大人冷冰冰的聲音。

一個小時後她的房間傳來陣陣聲響。她不但醒著，還亂丟東西到地板上。那是奶奶給送她的家庭相本，她一年來都很喜歡那相本，但她現在把它撕得四分五裂，扔得整個房間到處都是。

chapter

8

半夜哭聲轟炸

我過去三年讀過不少教養指南，其中一篇稍微捕捉到潛藏在教養理論中的痛苦，那是《紐約客》（The New Yorker）雜誌由約翰．西布魯克（John Seabrook）寫的文章，介紹一位叫法伯（Ferber）的學者研究，並從他的研究發展出一種訓練嬰兒睡覺的冷酷方法。我記得文章內容大概是這樣的，西布魯克和他太太因為新生兒常常整夜啼哭而不堪其擾，長期失眠把他們夫妻搞得方寸大亂，所以他們決定用法伯的方法來訓練小孩——如果寶寶哭個不停，就把他關到隔壁房間，不必理會。

法伯基本教義派認為，當爸媽的應該讓嬰兒學會自己入睡，就算可憐的小傢伙哭到吐都不必管他。有一本教養書甚至建議家長，怕孩子哭到吐的話，就先在嬰兒床鋪塑膠布。不過西布魯克在做到這麼徹底之前，決定先去請教法伯，等他找到法伯，發現法伯已經不再做此主張，也對自己早年的研究不甚肯定。結果啊，這個不算理論的理論讓許許多多的小嬰兒飽受折磨。

不過就算真有這套理論，我們也不會遵守。讓孩子待在嬰兒床哭個不停根本不是辦法，這大概要連續殺人犯才會樂在其中啊。所以，過去兩個禮拜的生活又回到三年前昆茵剛出生的時候。只是這一次更糟糕！因為我們還有昆茵要對付。迪西——這時候全家三人談到時只叫她「小寶寶」——每天晚上七點到早上七點每小時醒來一次，哭聲大到會吵醒昆茵。昆茵在晚上十一點、一點、三點、五點半也會醒來，每一次都像恐怖電影裡頭那樣尖叫，街上的人聽到恐怕都會毛骨悚然。

我跟我太太根本無法一起對付兩個孩子，我們只好一人帶一個。我帶著昆茵睡樓下，塔碧瑟跟迪西睡樓上。狀況良好的話，晚上大家一起吃飯，結果我們一家好像兩個單親家庭。我猜塔碧瑟晚上大概只能睡三個小時，但每四十五分鐘會被吵醒一次。而我大概是睡五個小時，也一樣是斷斷續續。這麼看來我應該要比較高興是吧，但我還是覺得超火大。長期睡不好，當然火大啊，也把老婆搞得更加悶悶不樂。

我決定開始寫這個日誌有兩個原因。首先是我想為迪西做點記錄，因為她是第二個孩子，我們很可能不會記得她小時候的事；而且我也知道，這事要是沒有一個編輯催稿，我可能一發懶就不寫了。另外，我注意到父母總是傾向將經歷到的不愉快掩蓋起來，一方面因為是自己的孩子似乎沒什麼好埋怨的，另一方面是事情過了自然會遺忘。但有沒有讓人抱怨的事？當然有。小孩剛出生幾個禮拜之後——至少是我女兒出生後——好像她從子宮進到這個世界，就一定要有人為此付出代價。

比方說，我現在一整天的時間是這樣的，從原本的睡覺時間開始：我晚上十一點醒來，然後是半夜一點、三點和清晨五點半也都會醒，哄昆茵說她的床上沒有蜘蛛。到了七點她真正起床，不知道為什麼她能養足精神，就開始火力全開吼著要找媽媽。接著就像洛基跟阿波羅．克利（Apollo Creed）打到第十二回合被修理得很慘一樣，我才好不容易哄她下床，哄她穿上她不想穿的衣服，然後抱著她走進我的工作室，她一路尖叫，再來我又要哄她吃下她不想吃的早餐。她想吃巧克力，但我給的是一盤水果，在談判雙方各自發了幾頓脾氣後，我們以鬆餅妥協。大約九點，我帶她去上學，享受一點短暫的自我滿足：我勇敢地搞定這團混亂，讓太太不必承受更多痛苦，我這個英勇戰士以肉身抵擋手榴彈，讓友軍生存下來。

我一路心情大好直到回家看到太太在哭。我通常會掩飾自己的喜悅，但她也常常會發現；一旦發現後，就會投以冷言酸語，比方說：「我覺得好像只有我自己要經歷這一切。」或者是：「我不知道自己還能承受多少。」我本來以為自己承擔的已經超過該做的那一半呢，但她說這些話讓我不敢再這樣想；那些話也清楚地表明，我不是英雄，只是個偷懶敷衍的狗熊，是個耍賴的爸爸。我心情低落，拖著沉重腳步走進工作室，幾次想開始工作都提不起勁，就這麼枯坐到要去接昆茵放學。

這樣的日子過到第六天，我已經煩躁不安，一觸即發。有一次載昆茵回家，有個女人開著旅行車突然擋在我前面，我對著擋風玻璃就飆罵了起來：「幹你媽的你是在幹嘛啊？小姐！」

「爸爸，你為什麼說幹你媽的？」後座的聲音問道。

「喔，」我頓了一下：「我沒這麼說啦。」

「她是個花雞(fucky)小姐？」

「滑稽啦，滑稽小姐。」

「你剛剛說花雞。」

到家後，因為這時段有花錢請保母。請相信我，我對此是感到內疚的。所以就利用這個機會趕快去做點工作。但事實上那段時間我常常縮得像顆球，覺得自己累得要命，就這樣一直混到要吃晚飯的時候，這也是我必須草草應付的責任。吃完晚飯，我送昆茵上床，這時塔碧瑟正在餵小寶寶第兩千次奶。然後，一天的循環又全部重新來過。

我知道這一切很快就會過去，我們家也會再次找到完美的新平衡。現在家裡多了一分子，多了一份愛與被愛，很快就會感到幸福洋溢。只是現在的我們在自怨自艾中就快淹死啦。

你可能以為，一個家庭如何順利地接納新生兒，總會有人想出既人道又經濟的方法。如果真的有人想出來的話，肯定可以賺個幾十億美元。不過以目前的情況來說，要解決這個問題大概有三種方法，但這三種都也都略嫌不足。

你可以假裝相信書上說的，把那些方法全都用上，只要你自己晚上能睡個好覺就好；你可以花錢聘請夜間保母來照看小孩，自己窩到高級飯店睡大頭覺；或者你也可以跟我們現在一樣死撐到底，過一天算一天，聽到什麼建議就試試看，不是因為它有效，而是至少感覺有個希望。你告訴自己說，小寶寶總有一天會乖乖睡覺的，就像他們有一天自然就會走路和上廁所一樣。畢竟沒有哪個大人會每四十五分鐘就醒來哭吼嘛，也沒有哪個大人還在地上爬，或者把大便拉在褲子上。因此照道理說，這個問題自然會解決，我是這麼盼望。

chapter 9

賄賂與勒索

有一天我送昆茵去學校的路上，她叫我把兒歌音樂關掉，這實在很不尋常。更不尋常的是，她就靜靜坐在車子後面，眼睛直直看著前方，完全不理會我跟她搭話。我調整一下後視鏡，看看她是不是噎到或怎樣，卻只看到她熊熊怒火的眼光。

最後她說：「我爸爸死了。」

如果是四個禮拜之前，迪西還沒出生的時候，這種話一定會嚇我一跳，但現在我已經見怪不怪甚至還有點愉快。昆茵正在經歷黑暗期。一個禮拜前，她放學帶了一疊圖畫回家。自從她成為一位勤奮多產的藝術家以來，藍色和粉紅色的蠟筆一向是她的最愛。但現在這兩個顏色都不見了，取而代之的是黑色的亂塗亂畫。有一張可怕的墨水和蠟筆畫，是一隻被斧頭砍死的蜘蛛。我這孩子進入第一個轉變期。

「喔，所以我現在死了嗎？」我開心地說。

「你已經臭了，爸爸。」她說。

「我是死了還是臭了？」

她考慮了一下：「兩個都是。」

有時候在上學的路上，她就這樣一直罵、一直罵——她最愛罵「你臭死了」和「你死定了」——而且她要是找得到東西扔過來，一定不會客氣。那段時間開車載她，簡直就像是洋基球場中守右外野的客隊球員。

第二個孩子出生後的責任分工，讓我自己的不足在新形勢下完全暴露出來。由於迪西幾乎是隨時黏著塔碧瑟，我就成為昆茵尖叫發洩的唯一出口，當然我很理解她為什麼會尖叫。現階段父母對她的影響，主要也是看我。我承認我原本並不了解這些狀況到底意味著什麼，直到有一天晚上我傻呼呼地同意自己帶兩個孩子，讓她們的媽媽去舊金山。那天晚上在歷經整天折磨的我躡手躡腳地走出媽媽和小嬰兒的房間，準備回到自己的沙發床，看到我太太顯得悶悶不樂。

「怎麼了？」我隨口問問，並不特別期待會得到什麼回答。

結果她滔滔不絕，數落昆茵在迪西出生後種種乖張言行。她跟保母在一起時很不乖；晚上再也不肯一覺到天亮；不吃蔬菜；不再遵守最後階段的如廁訓練；除了看第一百五十次的史瑞克之外，對什麼都不感興趣；而且她從舊金山回來後，昆茵對她很兇。

在過去的好日子裡頭，塔碧瑟就算是跟我抱怨昆茵，也是抱著合作的態度，我們是基於共同利益而一起合作，就像是孟格（Munger）和巴菲特（Buffet）一起擬定投資策略。但這一次聽起來不像這麼回事，比較像是阿拉伯人跟美國人討論以色列軍事狀況。

「她不肯吃蔬菜，因為她在生迪西的氣嘛。」我說。

「她不肯吃蔬菜，是因為她在晚飯前就吃了一大碗糖霜麥片！」她說。

給昆茵吃糖霜麥片的就是我囉。不過她沒有說出來，也不必特別說出來。現在昆茵吃什麼、做什麼，基本上都是我的責任。我太太其實也知道昆茵在目前狀況下需要一點縱容和溺愛，可是她也想要好好地保護她的投資。

「我覺得自己兩年半的努力都白費了！」她說。

「等到她可以接受迪西以後，那些好習慣就會恢復的啦。」

「好習慣是失去之後，就再也回不來的。」她說。

從來沒有過好習慣的我，要討論這個問題當然是不夠格；就算是我真的有什麼好習慣，大概也沒人會相信吧。我太太是在軍人的家庭長大，擁有所有軍人的美德。而我成長的家庭呢，每幾個禮拜就能從廚房偷來一大包雀巢的巧克力餅乾藏在床下，都不會有人發現。我本來應該是身高六呎三吋，成績都是「A」的優秀高中生，但是因為我常常不吃晚飯只吃很多雀巢巧克力餅乾，最後我就變成五呎十吋，而且高二生物還不及格。我很清楚老婆的顧慮是什麼。她過去花了兩年半的時間，讓她的第一個孩子吃健康的好東西、培養好習慣，但交到我手上三個多禮拜就全毀啦。她是完全封鎖對手八局攻勢的王牌投手，結果卻看到終結投手的我在第九局被打爆（我心裡一直想著棒球）。

過去三年來，我偶爾會想到自己對孩子到底有什麼影響。我是抱著負起責任的態度在進行，而不只是順其自然而已，因為我覺得當個爸爸就應該這樣。但其實是什麼效果也沒有。事實上，跟理論剛好相反，跟小孩一起的生活滿是賄賂和勒索，毫無道德可言。你如果這樣做，就能得到那個；你如果不這樣做，就不能得到那個。我一直認為，小孩只要有足夠的歡樂、愛和穩定生活，再加上一點點賄賂和勒索，其他的自然就會很順利。我這方法看起來也是有效。一直到她妹妹出生前，昆茵的童年都很順利，而且似乎也沒有讓大家耗費多少力氣。老實說，我從來沒想過要「塑造」她，我就是那種很隨和的執行長，覺得太多的紀律和約束會扼殺員工的創意。我相信的是走動式管理（MBWA，Management by Walking Around）。

現在回想起來，我能擺出那種姿態，逃避那些麻煩，其實就是因為我根本不是執行長，反而更像是有名無實的董事長，雖然是董事會的老大，卻從來不注意聽那些嘮嘮叨叨的事情。但現在很明顯，我必須改變方法了。執行長的注意力因為一樁困難的海外併購案而轉移焦點，董事長就必須——儘管是暫時而已——披掛上陣負起全責。現在大家都很焦慮。

chapter 10

學習愛上小孩

第一次當爸爸最讓我驚訝的是，我對自己小孩的感覺要達到自己預期的那樣，竟然要花好久時間。昆茵出生後我抱著她，是可以感受到心中一股柔軟的情感，和一點理論上來說應該要有的父女之愛。但是在那之後，足足有六個星期之久，最好、最好、最好的狀況也只是那種事不關己的娛樂消遣。而最糟糕的狀況，則是非常痛恨。

我清楚地記得，有一次抱著號啕大哭的昆茵站在陽台上，如果不是知道把她扔下去會犯法，我真懷疑自己會不會那麼做。我還記得那時候我認為嬰兒猝死症——小寶寶在嬰兒床上突然死亡，找不到特別原因——其實不像官方統計數字那麼多，很多一定都是被害死的。當父母的竟然會害死自己的小孩，原因一定是非常驚人吧！但其實既簡單又自然。母愛也許是天生本能，但父愛一定是後天學會的。

這就是身為人父的核心祕密，或者說，至少是我的經驗吧。這個「小東西」降臨到男人的生活，讓各方面都變得更糟，如此的情緒怎麼會轉變成愛呢？昆茵出生一個月後，要是她被卡車給輾了，我看我也只有義務性的悲傷而已。但是大概經過半年，要是有卡車衝過來，我肯定奮不顧身地擋在她前面，絕對不會讓她受到絲毫傷害。這到底是怎麼回事？我為什麼會從一個怪物變成一個好爸爸呢？我不知道。所以迪西這一次我就更留心注意這個過程是怎麼變化的。

老實說，我發現迪西不像她姊姊那麼討厭，至少剛開始是如此。她比較不會毫無理由地哭個不停，就算有我也聽不見，因為我也不常在她身邊，而是在照顧昆茵。這兩次的主要差別在於：我現在有了她媽媽認可的合法理由，逃避新生兒最磨人的頭幾個星期，而我也的確這麼落跑了。有時候我甚至忘了還有個新生兒。走進房間，在電視上轉來轉去地換台，然後看了棒球比賽二十分鐘，才發現右邊有個你不認識的五週大嬰兒在看著你，這真是非常奇怪的感覺。不過迪西被故意留在我身邊的次數也夠多，足以讓我感受到單獨跟她在一起時的疲勞、挫折和不快樂，也感受到一股奇怪的殺氣。但同時我也注意到，在過去一星期左右，我看著她時又有一種由衷喜愛的感覺。對於此時再一次的神奇轉變，我盡可能地列出幾個影響因素：

一、母愛的影響。我是個職業作家，應該有敏銳的觀察力吧。但要是沒有塔碧瑟的話，我可能根本不會去注意自己的小孩，也不覺得有什麼好看的。我自己看見的，只有從小嬰兒身上溢出、吐出、拉出、排出的各種物質，通通需要擦拭清理，還會製造許多令人不快的噪音，把我從睡夢中驚醒。但是除此之外也有許多可愛之處，她媽媽一看到就會用真誠的熱情提醒我，而這也融化了我冰冷的心。比方說，小寶寶的臉部表情，像藍色小精靈的臉、大便時用力的臉，還有像外星人ＥＴ的臉。她臉上的表情有時像是問著「你今天過得如何？」有時是「打電話到公司找我」，也有像「黑手黨殺手」撇著嘴角，好像是要問我：「老兄你在跟我說話嗎？」的表情。

二、她的模仿天分。五週大的嬰兒對於平常的溝通方式通常不會有太大的反應。不管是對她尖叫或唱歌給她聽，得到的往往只是她茫然地瞪著你而已。但你要是跟她臉對臉，做出一些奇怪的表情，她就會模仿你。你伸出舌頭，她也會伸出舌頭；你張開嘴巴，她也會跟著張開嘴巴。我跟她在一起的時候通常也沒別的事做，就對著她做表情讓她模仿，我也因為這樣越來越喜歡她。

三、情況會隨年紀越來越好。迪西後來每九十分鐘才醒來一次，死命尖叫把大家都吵醒的頻率也延長到兩個小時才一次。平常的人大概覺得這樣怎麼忍受啊，但對我來說已經是謝天謝地的進步，甚至可說是她非常友善的行為。迪西雖然還不能得到模範兒童楷模獎，但已經在全力爭取進步獎，看到她這麼努力就很難不喜歡她。

這裡頭當然還有別的我沒說，因為我怕下次分攤這些不愉快的責任時，可能會對我不利。其實那些只是照顧小動物的行為，即使是你不想做，或許特別是因為你很不想做，反而會有轉化效果。

我有個朋友領養了兩個小孩，他的一位朋友就曾問他說，你怎麼知道你會把他們當作自己的孩子呢？

他回答說：「你養過狗而且當牠是自己的孩子嗎？」

這就是重點所在，你為那個無助的小東西所做的點點滴滴，就會讓你愛上他。人大概都有這個本能。像我這種對逃避麻煩事超級有天分的人，這對我來說就是個啟示：正因為你想把他扔下陽台，但是你沒有，所以你才愛上他的。

chapter 11

親子電影夜

身為人父的第一準則是：如果你看不出有什麼問題，那麼問題就是你。

過去幾個禮拜以來，我就是看不出問題，覺得一切都很順利。自從第二個孩子出生後，我第一次可以恢復正常的工作。我原本擔心孩子們會餓死，或者害怕她們以後只能讀公立學校，但這些恐懼都漸漸退去，我需要賺錢養家的時機無疑一定會來到，只是到底是從哪時冒出來，我也不是很清楚。應該不是我深愛的太太；也不是我那個大女兒，她已經很清楚地表明，要是她感受到的父母對她的愛如果比她妹妹出生前少，她就活不下去。唯一那個缺了我也沒關係的人，就是小嬰兒嘛。在蓄積足夠情感之後，我現在可以誠實地說，家裡有她在的確比沒有好，而我也可以心安理得地忽視她了。

我把迪西的事都推給她媽媽再加上請保母代勞，我理所當然可以恢復過去的生活。上週我都在忙一本新書而且正要開始動工，她媽媽突然出現在我工作室，我一看到她的眼神，想在她發作之前趕快阻止，急忙解釋開始工作對家裡的經濟大有幫助，但是她對家裡的經濟狀況根本沒興趣。

「你要空出一些時間來陪伴迪西啊！」她說。

「喔，」我說：「我已經有花時間陪她了啊。」

「你這一整個星期都沒去看看她。」

「她也不曉得。」

「可是你曉得啊！」她說。這倒是真的。

「你要我多常去看她？」

「我認為你從迪西收集的寫作材料，應該要多到可以維持兩週一次的《Slate》雜誌專欄才夠。」她說。

我首先想到的是：哪有爸爸看顧自己小孩，只是為了收集資料維持專欄？我第二個想到的是：不就是我嗎。

根據這個原因，當然也不只是這個原因啦，我帶著迪西和她媽媽一起到奧克蘭的帕克威電影院看《戀愛學分保證班》（Italian for Beginners）。這家戲院規定週一晚上只招待十八歲以上的成年人，而且！而且要帶著一歲以下的小寶寶，這真是「避孕」之後最偉大的發明啊。

那天晚上有六十個爸媽和三十個小寶寶買票兼訂餐，拿著會發光的點餐號碼牌，一起走進戲院。大家坐在深紅色的絨毛沙發椅中，儘管嬰兒在身邊大呼小叫，也是一個星期以來第一次可以放鬆下來，平靜地等待餐點送來和電影開映的時刻。電影開始得有點突然，這家戲院不播放預告片也沒廣告，一放映就是正片上場。

與三十位嬰孩一起看電影，實在是非常特別的經驗。事實上從某些方面來說，比沒有嬰兒還要特別。這麼多寶寶集中在同個地方，就足以蔚為奇觀。當電影裡頭有人大笑或出現槍聲，他們會一起大叫；當劇情顯得沉悶安靜時，他們也會一起睡著。有些小朋友有時也會出現驚人的表演，例如在電影開始前，前排有個六個月大的小女嬰表演平衡特技，在她爸爸搖搖晃晃的手掌上坐得好好的，都不必人扶，全場觀眾歡聲雷動！

帕克威戲院的成功也是因為選對了電影。要跟嬰兒看戲，也有分合適和不合適的電影。像《戀愛學分保證班》就幾乎是最適合跟嬰兒一起觀看的完美電影，看過這片子的人聽來大概會覺得很詭異吧。這電影從一開始就是那種陰沉沉的北歐風格，裡頭的幾個角色不是快死了就是絕望失意，或者是既絕望失意又快死了。這對我們這些觀眾真是好消息，因為不太可能出現哈哈大笑或半夜突然傳來槍聲的劇情。這電影裡頭沒有誰殺了誰嘛，而且看那北歐片的悲慘人生，也會讓新手爸媽感到安慰，不管自己現在的生活多糟，都沒有比那些北歐人更糟！

要是沒有迪西的話，我大概是坐不住。這片名聽起來很棒啊，結果像是一部易卜生的電影，我覺得自己受騙上當。不過有迪西陪著，我還挺高興自己被騙了。

後來發生了一些事，事實上是兩件事。首先，這電影到一半就像是一部陰沉的北歐片在嘲笑另一部陰沉的北歐片。片中要死的人都死得急急忙忙，讓活著的人陷入絕望，孤立無援。到了第二幕快結束時，那種平靜的北歐式沮喪突然來個大轉彎，大家彷彿同時想起北歐人幾年來都曉得的想法：在北歐想要快樂的話，就要去義大利嘛！第二件事的迸發就來自這個北歐快樂生活的覺醒，迪西醒過來開始大哭。

帕克威戲院的潛規則是，你可以放著讓寶寶哭，繼續看電影，也沒人會批評你。這戲院要提供的就是那種讓你不會感到罪惡的感覺，就像是吸菸的人發現大家都在吸菸，或者胖子上飛機之後發現大家都一樣胖。但要是你在走進電影院之前，就被老婆大人封為「疏忽孩子的老爸」，就算是潛規則也不適用，我要趕快抱著孩子起身，走來走去哄哄寶寶，讓她安靜下來。電影的最後我只能從眼角瞥見幾眼而已。快樂的北歐人，我還真是很少看到呢。

chapter 12

兒童大露營

我昨晚帶著昆茵去「童話園」（Fairyland）露營，這是位於奧克蘭類似小型迪士尼的遊樂園。每年夏季會開放三天晚上，讓大約二十五對爸媽自備帳篷，帶著小小孩來園區露營。在他們剛剛開始的人生中，這是第一次在廣闊星空下度過一整晚，那些高樓大廈都退到遙遠的彼方。我幾個月前就跟昆茵說要一起去露營，之後她就針對這件事問個不停。她每兩天就問我一次：「我們什麼時候要去露營？」或者是「我們今天能不能睡在帳篷裡？」因為她從來沒露營過，也沒睡過帳篷，不知道那到底是什麼感覺，才會如此渴望和期待。

我們不是走大門，而是從小摩天輪和碰碰船中間的後門進去。這裡有二十五對爸媽帶著小小孩在排隊等開門，門一開他們就會衝進去找最柔軟、最平坦的草地來搭設帳篷。跟我們一起來的是昆茵的朋友，麥特和他爸爸約翰。我會來這兒就是因為約翰，他跟我說可以帶著小孩來童話園露營。約翰以前來過，他還跟我說，除了帳篷和睡袋之外，什麼都不必準備，童話園會包辦其他的一切。但我現在才發現，約翰帶來的東西比我還多。我帶了三個袋子，他帶了八個！不知道另外五個裝了什麼。這位經驗老道的童話園露營專家到底帶了什麼，是我疏忽的呢？

開門後大家都衝向淺碟形的露營區搶好位置，但昆茵則是對於獨享童話園比較感興趣，她急急忙忙地衝過摩天輪，想去找驢子玩。童話園最棒的一點是，它完全是以九十公分高的小朋友來設計的。旋轉木馬是設計給九十公分高的小朋友玩，蒸汽小火車的車廂是設計給九十公分小朋友玩，「愛麗絲夢遊仙境」區的長長隧道也是專門提供給九十公分的孩子。這就是一個專門給兩歲到五歲小孩遊樂戲耍的地方，正常的七歲孩子都會感到自己不太受歡迎。總之這裡頭的設施比例就像個小人國，但有個例外，那個例外就是驢子。那幾隻高頭大驢──昆茵說是「駱駝」──可是兇得很，所以她一向前衝，我就緊跟在後，結果露營區的好位置都被搶光啦。等我帶著昆茵回來時，那些又軟又平坦的草地已經都被占滿，我們只好擠到邊邊的斜坡硬土上過夜。

其他爸爸們的帳篷可都是架得有模有樣。有些看來真是煞費苦心，篷頂超大的，甚至還有非常別緻漂亮的步道入口。就說我隔壁那個爸爸可不只是架帳篷而已，他帶來一台很奇怪的機器，像是一輛超大的消防車，聽聲音像是壓縮幫浦。他在他的巨大帳篷裡頭安裝一個巨大的雙人床墊，像個專家一樣在咻咻咻地打氣。這些配備我都沒有，甚至連看都沒看過。我那個帳篷到現在還收在袋裡躺在地上。

昆茵看看四周，又看著我。「爸爸，我們的帳篷呢？」

「在那裡啊。」我指著那個藍色的袋子。

「喔？」

「我還沒有架起來啦。要不要幫爸爸搭帳篷？」

「我要去看駱駝。」

我有點緊張地說：「我搭帳篷時，你要乖乖待在這裡。」

結果才一轉眼，她就跑了。

我一邊盯著驢子，一邊解開帳篷，清點資產。我們有：一頂帳篷、兩個睡袋，是我上週在「REI」專賣店買的；塔碧瑟給我一個礦工式的頭燈，這樣我晚上烤肉時才看得清楚；還有三片尿布、一包濕紙巾、一把紫色和一把綠色的夜光牙刷、一管草莓口味的牙膏、驅蟲劑、一套昆茵說的「條紋睡衣」和一雙她堅持一定要帶來的粉紅色拖鞋。最後是一本破爛泛黃的野外求生指南，我上一次露營留下的——那可是很多年以前，我在奧勒崗州的野外流浪一個多月。關於露營，我所忘掉的一切都可以在這本破爛的指南手冊中找到。我是這麼以為啦。可是我翻開之後發現，這本野外指南比較關心我的心靈發展，而不是教我怎麼活下去。裡頭充滿了野外求生的心靈警句：

在山上被大雨淋濕，因沒有避身之處就挨近磐石。——《約伯記》第二十四章第八節

我二十幾年沒搭過帳篷，今天還是第一次。搭完後一看，想怎麼是這副奇形怪狀的樣子，這時候約翰走過來瞄了一眼，說：「看起來像罩著篷布的金龜車。」

「我覺得這個遮雨篷是不是裝錯啦。」我說。

「我們其實是在奧克蘭市區裡頭嘛，這樣應該就可以了吧。」他說。

隔壁的先生還在為他的床墊打氣，汗水從他的鼻尖滴落。約翰離開後，我跑去找他。就我看來，他那個大床墊的充氣狀況跟二十分鐘前沒兩樣。現在他看起來沒那麼專業囉。

「你在幹嘛啊？」我問。

他停下來，好像終於找到藉口可以喘口氣。「把這個他媽的床墊充飽氣啊。」他說。

我看著他帳篷內那個癟癟的床墊。「這個要怎麼弄啊？」我問。

「我也不曉得！」他說：「是我老婆買的。」停頓了一會兒又說：「這整件事都是我老婆的主意。」

我對他的遭遇有點同情又不太同情。其實我很高興啦。這表示對於這趟旅程，我不是準備最不足的老爸。我跟昆茵搞不好撐不過這一次，但我們不會是最先完蛋的。

童話園這一晚可以俐落地分為兩種完全不同的體驗。第一個幾乎等於是小朋友的狂歡會，童話園擺出漢堡、薯條、熱狗、巧克力和香草蛋糕讓大家吃到飽，這些可都是小孩完全抗拒不了的東西。沒有蔬菜！沒有水果！這是我身為人父以來，第一次跟小孩吃飯時我不必怒吼、她不必尖叫，旁邊那些爸媽跟他們的孩子也都吃得超開心。

大家狼吞虎嚥一頓，就趕快搶著玩童話園的遊樂設施，這些遊樂設施會開放到晚上九點。但後頭還有節目呢！晚上八點的時候，小朋友原本該上床睡覺的時間，園方還準備一場精彩的木偶戲。他們邊看「灰姑娘」故事，膝上擺著重量杯裝的爆米花，嘴巴張得開開的。八點半時，有一位吉普賽女郎帶著他們唱歌。到了晚上十點，小朋友們才精疲力盡又心滿意足地回到自己的帳篷。現在童話園第一回合結束，第二回合開始！

大約兩年前，因為長期睡眠不足讓我跟我太太火氣都非常大，所以我們意志非常堅定地採取「焦土策略」——讓昆茵不會覺得半夜有什麼好玩的，值得不睡覺。我們在晚上九點就會把她的房門關上，盡可能在隔天早上七點之前不去聽她在幹嘛也不進去看她。對我們而言，這方法可算是有效，雖然她一星期中會有幾次在半夜三點醒來放聲大叫。不過也因為是採用這種辦法，我根本不知道她半夜睡覺時到底是什麼狀況。今晚因此而有所不同。

我們十點的時候爬進帳篷。接下來的一個小時昆茵花樣百出，一會兒拍打頂篷，一會兒又跑到外頭，還想爬進別人的帳篷裡頭。玩膩了以後，她終於鑽進她的睡袋，命令我唸故事給她聽。對三歲小孩來說，晚上十一點半大概像是大人的凌晨四點吧。昆茵就這麼鬧到十一點半，別的帳篷的小孩大概也都是如此。在我第二次唸《哈洛和紫蠟筆》（Harold and the Purple Crayon）時，她才睡著。接下來的六小時，大概是這狀況：

十二點十五分。昆茵一直用手戳我的頭，把我吵醒。

「醒醒，爸爸！醒醒，爸爸！」她叫著。

「幹嘛？」我說。

「我要你靠著我！」她說。

我捲到她身邊去。然後她又睡著。

一點。「爸爸！」我醒來，發現她在帳篷內坐得直挺挺的。

「怎麼了？」我說。

「你忘了幫我噴驅蟲劑！」真的忘了耶。我馬上噴藥。然後她又睡著。

一點三十八分。「我的睡袋掉了！」

「什麼？」我說。

「我的睡袋！」她哭了。

我又幫她蓋好，「不要！」她說：「我要你的睡袋！」

可是她的睡袋只有一百二十公分長啊，這可是個問題。於是我們展開談判，最後達成協議，一起睡在兩個睡袋裡。

三點十五分。「帳篷裡面有貓頭鷹！」她又坐起來說。

「真的？」我說，趕快找礦工頭燈。等我找到時，她睡得可好咧。

四點十二分。「爸爸！」我又醒來。這一次她神智清醒，顯得警覺但好像睡飽了。我可沒有。

「怎麼了？」我問道。

「爸爸，我只是要說，今天跟你在一起很好玩。」她說。

我的眼裡還真的充滿了淚水，「我跟你在一起也覺得好好玩。」我說：「現在我們再睡一下？」

「好的，爸爸。」然後她擠過來依偎著我，我想這下子可以睡得久一點吧。五點。外頭他媽的鳥叫啦！昆茵當然也被牠們吵醒，然後轉過身來對著我，開始唱：

「有個老農夫養隻狗叫賓狗～歐！

B、I、N、G、O

B、I、N、G、O

B、I、N、G、O

牠的名字叫賓狗～歐！」

「現在還是睡覺時間。」我喃喃說著。

「起床的時間到了嗎？爸爸。」

「還沒。」結果她馬上又睡著，真是不可思議！

五點四十五分。外頭天還沒亮。我醒來時發現昆茵穿著她的粉紅色拖鞋，站在我們的帳篷門口，她已經拉開拉鍊。

「麥特！」她對外頭大聲喊著：「你醒了嗎？」

我聽到遙遠的某個帳篷也傳來一聲：「昆茵，我醒了！你醒了嗎？」

「麥特！」昆茵又大聲呼叫：「我醒了！我醒了！」

四十五分鐘以後，我們四個人都在吃甜麥片當早餐。約翰的狀況看起來比我還糟，不過我們兩個沒有因此卻步，因為昨天晚上的情況，我們都大概心裡有數。

「我聽說奧克蘭動物園也有這樣的活動喔。」他說。

「什麼時候啊？」我聽到自己在問。

chapter 13

尊嚴之爭

當爸爸的第二條準則是，要是發現大家都在笑，但你不曉得他們在笑什麼，那一定是在笑你。

幾個月前有一天我送昆茵去學校，就領略到這種特殊的爸爸感受，像是在一屋子的人面前發現自己褲子拉鍊沒拉。從我走進她教室的那一刻，她的三位女老師就笑個不停，彷彿我是什麼不可思議的笑話。然後她們忍笑轉身裝忙，假裝在布置橡皮球箱裡的小恐龍、清點盤子裡的小餅乾。幾天後我終於向其中一位女老師提問，到底有什麼事情好笑，但她只說：「喔，沒什麼啦。你不會想知道的。」她的笑容看來無傷大雅，顯然不管怎樣，我應該也沒有冒犯任何人吧。事情應該到此為止，不過我還是請太太去問了一下。

我太太去學校接昆茵回家後跟我說：「她們也不肯告訴我詳細狀況，不過說是跟昆茵談到你的事情有關。」

「我的什麼事？」我問。

她看來有點欲言又止。

「到底什麼事嘛？」

「說你的大鵰啦。」

「你只知道這樣？」

「對啦。」

那天晚上我正在洗澡的時候，昆茵闖進浴室。這種事也不是不常有，她常常跑進浴室，把水潑灑得到處都是。她也喜歡看她老爸光著屁股時，一手忙著洗掉眼睛上的肥皂泡沫，一隻手防備她的潑水攻擊。不過這一次她還說了話。

「爸爸有個小雞雞！」她大聲叫著。

這句話她說得很流暢，顯然不是第一次這麼講。我瞇著眼睛低頭看她，臉上雖然都是泡沫也要裝兇。

「在說什麼！」

結果她還編成一首歌。

「爸爸有個小雞雞～爸爸有個小雞雞～爸爸有個小雞雞～」

因為這個小傢伙控制不住自己，我得想辦法才行。此時如果據理力爭、抗議辯白，恐怕只會火上加油。我像是一頭陷在流沙的大象，或者是八卦緋聞纏身的政客。這時候多做或多說什麼，都只會讓事情越來越糟。所以我其實只有兩個選擇，要嘛不理她或者是打哈哈，所以我就笑了。這時候要強忍下來不理會，好像是不大可能，畢竟你三歲的女兒正在侮辱你的大雕啊。所以我就「哈哈哈」地笑起來，希望聽來像是事情與我無關，反而覺得很有趣。果然她瞬間就覺得自討沒趣。

很快的，快到讓人驚訝，我的出現不再被她的老師當成笑話，老爸的尊嚴恢復跟過去一樣，這件事情我也差不多忘得一乾二淨。不過上週我一踏進昆茵的教室，又聽到有人咯咯咯地發笑。

這一次我直接就去問我老婆。

「對啦，他們是在笑你。」她說：「不過這次是關於你給女兒的穿著打扮。」

因為那時候迪西才剛出生三個月，昆茵的穿著打扮都是我負責。但我覺得我負責的這件事也沒有什麼英勇表現可言，事實上其他剛好是我負責的事情也都沒什麼好說的。

「她們怎麼曉得是我呢？」我問道。

「因為你上個星期不在家，都是我幫她打理。所以她上週一走進學校，她們就說『今天一定是媽媽幫你穿衣服的！』」。

「我幫她打理，有什麼問題嗎？」

「喔，拜託！」

「我也讓她穿得很好啊！」

「好得像個流浪漢。」

「喂，」我指著昆茵的房間說：「我們每天早上在那裡頭像在打仗一樣，我已經使盡全力啦。」

「你們會搞得像在打仗一樣，就是因為她知道你根本不曉得自己在幹嘛。」

各位可能覺得我趕快離開這個對話會比較好，再談下去的結果可能變得更糟，不過我已經被按到一個痛點，就算是身在女人國的男人，也必須奮起捍衛自己和自己習慣的必爭之地。就在不久之前，我甚至可以整個禮拜毫不猶豫地穿同一條運動褲，或者是一整年都穿疊放在最上頭的襯衫。這不是因為邋遢或懶惰，是因為效率。為了穿什麼衣服多花一分鐘，那就是浪費一分鐘嘛。

這三個月來，昆茵的穿著是我負責，所以我也很努力灌輸她這種觀念。

「爸爸，我醒了！」天還沒亮她就尖叫嚷著，全家第一個起床的就是她。

這時候我昏昏沉沉地走進她的房間，趕快在她吵醒其他人之前，先撿些衣服扔給她穿。至於扔哪些衣服給她，我的確是不會想太多，因為她只有三歲嘛。只要看起來不會跟其他三歲小孩差太多，她的裝扮也沒什麼好介意的吧。除此之外我也認為，反正她穿什麼都會搞髒，別的孩子應該也都是這樣，那應該不會有人注意到她那沒有打理的頭髮吧。

不過事實就是事實，我不否認的是：過去這一個月來，我越來越難讓昆茵照我的指示穿衣服。這個月我跟她每天早上的對話都是這樣開始的：

「爸爸，我要穿漂亮裙子。」

「現在外面很冷，好冷啊！你要穿長褲。」

「我～不～要～！」

「可是我要你穿長褲！」（故意裝得很愉快的樣子）

「不要！我討厭你！」

她躲在自己的衣櫃角落崩潰嚎叫，額頭貼在地上像個祈禱的回教徒。這還真是奇怪！在這段人仰馬翻的時期，昆茵對她媽媽的審美判斷可都是言聽計從，但只要是我走進她的更衣間，她馬上揭竿起義。外頭氣溫要是七度兼起霧，她就嚷著說要穿薄薄的衣服。是二十七度陽光普照的日子，她反而說要穿羊毛褲襪。只需要穿長褲、T恤的日子（照我看是每天都合適啦），她說她要穿跳舞的衣服，然後就一直哭一直鬧直到我讓步為止。就我來看，這完全就是不講道理的失控，但是她身邊的那些女士們，包括她媽媽、她的老師們卻都認為，她終於對我的無能大膽反抗，而且是造反有理。

我一向都想證明，至少是對自己證明，我在任何狀況下所做的決定都是對的（我太太現在說這叫「小雞雞症候群」）。但這一次，我不再堅持自己的看法，改用新方法。

「我要穿漂亮裙子。」

「好啊！自己挑一件！」

「好的，爸爸！還有，爸爸，我想抹媽媽的口紅。」

「沒問題！」

「太棒了，爸爸！」

這麼一來事情就順利解決啦，除了那件裙子看來很奇怪，口紅抹得歪七扭八，還有她的頭髮還是遠遠超出我的能力之外。事實上，現在的昆茵看起來，也不會比我逼她穿上長褲和T恤還好看。然而尊嚴的起源，並不是渴望得到他人的稱讚誇獎，而是那種自己可以掌控的感覺。只要可以掌控以後，其他的自然伴隨而來。

chapter 14

出奇的想像力

有一次我去英國鄉下拜訪羅爾德・達爾（Roald Dahl）的家。他就是《查理和巧克力工廠》（Charlie and the Chocolate Factory）、《詹姆斯和大仙桃》（James and the Giant Peach）和其他許多兒童驚險故事的作者，而且剛剛公開譴責《魔鬼詩篇》（The Satanic Verses），說它譁眾取寵不負責任。他當然也不是贊成針對塞爾曼・魯西迪（Salman Rushdie）的追殺令，可是他這麼說就很接近啦，所以我趁這個機會去找他談一談。

他當時的狀況並不好，幾乎都只能坐在有軟墊的椅子上，看來日薄西山時日無多的樣子，但卻是很好的談伴。我現在已經不記得他說了魯西迪什麼，我記得的是那頓午餐。那一次有幾位達爾家的人也一起吃飯，桌上有一盤火腿冷盤。達爾說那些火腿切片真像是人肉，又說他曾想寫一本小說，是一個小孩被招待吃火腿冷盤，那個肉其實是從他失蹤的朋友身上切下來的。我本來以為吃飯時候說這個會有人抗議，不料他女兒竟然咯咯笑起來，然後開始說起自己親眼目睹的慘事，她曾目睹一位肉販在操作火腿切片機時把自己的手掌切下來。她說那個肉販的肉跟那些切片的火腿有多像，就跟我們要吃的火腿完全一樣！開動之後短短六十秒，達爾一家就忙著互相分享血淋淋的故事，大家一邊說得口沫橫飛，一邊興致勃勃地嚼著火腿三明治。除了達爾夫人可能是唯一的例外，全家人都在怪誕之中保留著孩童般的喜悅。

如果你家裡也有小孩子，就能充分領會達爾一家人的想像力有多麼好玩。對小孩來說，大人世界就是很奇怪。首先，體型的大小比例就是荒謬到可笑的程度，從小孩的眼光來看，每個大人都像是隻怪物一樣。再來是大人世界發生的事情，小孩儘管想要努力去理解和消化，也不免會產生嚴重扭曲。

我上週要出差幾天，離家前昆茵就問我：「你要去搭飛機嗎？」

「是啊。」我說。

「你會去機場嗎？」她問。

「是的。」

「所以他們會把雞放進你的行李箱？」她又問

這個我就不得不需要想一下。然後我突然就懂啦，到機場櫃台托運行李叫「check-in luggage」，她以為是把雞放進行李「chickens on the luggage」。

從小孩子有限的詞彙來理解，大人的世界當然變得很奇怪。就算大人世界中有些明明是要為小孩子提供純真樂趣的設計，對小孩子本身而言也是怪異，甚至只會讓他們感到害怕，例如米老鼠。

我曾帶昆茵參加柏克萊住家附近的一場生日聚會，這場派對的高潮就是米老鼠現身。當然這是祕密，不能提早爆雷。整個程序應該是先讓小朋友玩一會兒，然後米老鼠才突然進門，讓大家驚喜一下。但是這很難對昆茵保密啊，尤其是像這種好康，我很難不把它當作賄賂來利用。為了哄她乖乖坐在車上，我就說如果她不要再搗蛋，就可以看到米老鼠，而且是真的米老鼠。她聽了之後很高興地配合了。

所以我們就到了生日派對的會場。以前昆茵在這種人很多的場合常常會害羞膽怯，但這次她沒有，很快就跟別的孩子玩在一起。想也知道，一屋子的小小孩是不可能風平浪靜的，總會發生什麼意外之事，而這次是，壽星的爸爸過來說米老鼠出狀況了，那家提供米老鼠參加生日聚會的公司剛剛打電話過來說，米老鼠生病啦！公司緊急調派替身，人是找到了，可是遠在六小時車程之外。他現在已經在路上，不過會晚一點才到。

這個承諾還真是讓人佩服啊！六小時車程，可以從我柏克萊的家跑到內華達州的雷諾市。這位可憐的先生事實上就住在雷諾市，他可能半夜就上路，車廂後面塞著米老鼠的衣服，一路趕過來準備讓滿屋子的三歲小孩開心。他甚至還不是正牌米老鼠，只是米老鼠的替身。

大約一小時後，昆茵在大陽台的一側玩娃娃屋，其他的孩子和大人則在另一邊。我站在陽台上嚼著胡蘿蔔生菜，每四秒鐘掃視一次，確保昆茵還在陽台上沒跌下去。這時候在昆茵和別的孩子的中間，米老鼠突然出現在陽台上。他雖然已經穿上全副服裝，但還是有些不對勁。首先，來的不只是米老鼠，他後面還跟著一位助理抓著氣球，滿頭大汗全身濕漉漉，有位小朋友不留情面地回頭對他媽媽說：「媽咪，他去游泳了！」這兩位看起來不是開車過來，而是從雷諾跑過來。

但真正問題是米老鼠本身。完全不是想像中可愛、小巧的米老鼠，很明顯就是個高大的男人塞進不合身的米老鼠衣服。那顆巨大的老鼠頭歪斜著，像是被切掉了半邊。手上的白手套也遮不住手背上濃密的手毛。就連那件招牌黑短褲看起來也是十足的仿冒品，他彎腰跟小朋友打招呼時，後面露出半截屁股。而他看到的第一個孩子就是昆茵。

我試著從昆茵的角度想像她到底看到了什麼。事實上，她雖然假裝很高興要去看米老鼠，其實她根本就不知道那是什麼。我是不知道她原本的想像，但怎樣都不會是眼前這六英尺高的老鼠和滿頭大汗的助手。結果她瞬間滿臉驚恐，放聲尖叫，速度快到米老鼠還來不及用他毛絨絨的手套跟她打招呼。這可不是驚喜的尖叫，而是電影《驚魂記》（Psycho）女主角在浴室的叫法。我趕快跑到陽台，抱起她安撫了五分鐘才平息下來。等她平靜之後，又扭著身子離開，跑進屋裡。

「你要去哪裡？」我在她後面喊道。

「去找米老鼠！」她說。

接下來大概一個小時，她以一種我沒看過的方式跟米老鼠玩在一起，我想米老鼠也從沒領略過這個新方式。對昆茵來說，米老鼠不是什麼可愛動物，而是個連續殺人犯。這是經過萊姆調味的迪士尼。她會偷偷地去看他，然後當米老鼠注意到她時，又尖叫逃離這個血腥的殺人犯。這個場景看起來真是奇怪。她媽媽跟我都不喜歡看恐怖片，我敢打賭她長大以後也不會喜歡，不過以她目前的心理狀態來說，對於這個小朋友式的恐怖片可是樂在其中。要是她不像其他小孩那樣，也太奇怪了吧！

chapter 15

變成膽小鬼

身為人父之後有許多變化讓我感到吃驚，其中的一個是我對於各種「風險」的態度產生很大變化。這世界上當然是有很多種風險，包括：情感、社交、財務和各種有形的風險。但是在有了孩子之後，我想不出任何風險是我現在樂於承擔的，除非我把有小孩這件事當作是情感上的冒險而樂在其中。剛好相反，我當了爸爸之後很快就變成膽小鬼。我現在因為有風險而討厭做的事情，很少是我以前沒做過的；我現在對於風險的厭惡至極，也是過去不曾經驗過的。

事件一：有天晚上我跟塔碧瑟去看《關鍵報告》（Minority Report）。這種電影在幾年前是我很喜歡的，而塔碧瑟至少也能忍受陪我一起看。但是片中有一段是小孩在公共游泳池遭到綁架，這可就嚇壞塔碧瑟，也讓我覺得看完電影以後不要去吃晚餐，應該趕快回家看看小孩有沒有發生什麼危險。這當然是神經過敏。我從沒聽過加州柏克萊的公共游泳池，在他老爸憋氣游泳時有小孩被綁架，更甭提家裡有保母照顧，小孩還會從自己家裡的床上被擄走。可是我對這種事情已經不能理性看待，只要是跟小孩子遭遇不幸有關，我就被很容易被那些廉價的戲劇效果影響。還有新聞媒體也常常大肆渲染兒童遇害的消息，事實上他們的受害率並沒有比較高。如果是《理察三世》（Richard III）之類的古典戲劇，我想我還可以忍受那兩個小王子被勒死，但任何跟二十一世紀美國生活貼近的劇情，要是出現小孩遇害就會毀了我一整天的好心情。

事件二：我再也不喜歡在股票市場裡頭搏殺。我以前也不是很熱愛股市啦，只是自從昆茵出生以後，那些曾經有過的樂趣也不見啦，早在股市崩盤之前就不見了。因為她的出生，我人生中可是頭一次開始會考慮金錢的事情。其實錢對我來說也沒什麼好擔心的，但我就是控制不了自己。大家談到情緒和金融市場的關係，都以為是金融市場影響情緒，其實不是的，或者說未必如此。

幾年前《密西根醫學期刊》（Michigan Medical Journal）有一篇文章指出，當年的網路股會漲到那種程度，是因為有很多投資人服用藥物導致情緒抑制能力降低。美國的投資人大約有三分之一都在服用百憂解（Prozac）或其他情緒調節藥物，難怪都以為股市只會一直飆漲。小孩也是一種可以改變情緒、最後影響財務和金融的東西。他們對父母產生的心理效果正好跟百憂解相反。不管怎麼說，我現在比較偏愛現金和債券，有一部分原因就是自己當了爸爸。

事件三：我不再跟過去一樣熱心幫助陌生人，尤其是那種顯然需要先洗澡的人。我現在對陌生人的隱約防備感，每個星期都會發生好幾次，比方說在我家附近的公園看到流浪漢，這種情況可是以前沒小孩時不曾有的。也會有些人來敲我家的門，也許是傳教或為一些議題請求連署，過去我覺得挺好玩，現在可不。我以前三不五時就會幫助那些搭便車的人，但是現在我絕對不會再這麼做。整體說起來，我幫助陌生人的機率也不是太高啦，現在卻是零。

事件四：我們的第一個小孩出生後不久，早在九一一事件之前，我就開始對搭飛機感到恐懼。我過去曾有背著降落傘從飛機跳下來的經驗，感覺相當刺激愉快；但是現在光搭上飛機我就有誇張的末日感。每當我搭飛機時，都會隨身攜帶孩子的照片，萬一引擎在烈焰中四分五裂，飛機直直往下栽時，我才能在最後一刻看著他們。這種偶爾出現的恐懼痙攣雖然不是很嚴重，卻是不可否認的。我想得到的唯一解釋，除了承認自己變成膽小鬼以外，就是說，我現在已經可以深入而細微地想像，自己要是不幸喪生之後會發生什麼事情。在我有小孩之前，我沒什麼特別害怕死亡的理由，因為我對於身後的事毫無概念，即使是碰上什麼荒謬的意外而喪命，也不是什麼大問題。但是現在，想到這幾個孩子會失去他們的爸爸，我那個孤苦無依的太太必須自己照顧小孩，我這條命似乎就重要許多；雖然從某些方面來看還真是沒那麼重要（而且就我的狀況來說，我的餘生也沒以前長啦）。

我知道這些害怕的感覺有點神經質，但它或多或少是真實的。我知道我的小孩瘋瘋癲癲的，或者可以說，如果有大人的行為跟我的孩子一樣，可能就要被收容隔離了。莫非這都是她們傳染給我的？

chapter 16

一場意外

我醒過來的時候最先注意到，自己在一個從沒來過的地方。我平躺著，臉上戴著氧氣罩，我向上看，看到銀灰色的牆和一些閃爍的燈光，有個人穿著深藍色的連身袍，背對著我。臉上戴著氧氣罩，我說不出話來。我想舉起手臂卻辦不到。我的手臂和兩腿都被綁著，我的頭也被固定住。我的眼睛看到自己赤裸的胸膛上貼著幾條電線，肚子上都是血跡，卡其褲上也是一片暗紅色的乾血跡。我的左臉感覺熱熱的，像是還在不停地滴血。顯然我是出了什麼意外。什麼意外呢？我自己也搞不清楚。不過我知道自己該做什麼，從電視上看來的。

我動動手指頭，又動動腳趾。

藍衣男轉過身來，卸下我的氧氣罩。現在我知道自己正躺在救護車的後頭，這也是從電視上看來的。

「我可以感覺到自己的腳趾和手指。」我大聲說著，假裝自己很懂的樣子。

「你叫什麼名字？」他問。

我告訴他。但聲音聽起來很奇怪，不像是我原來的聲音。

「很好！麥可。」他說，帶著那種屈尊俯就，讓人害怕的笑容。這個人知道一些我不知道的事情，到底是什麼呢？

「你知道今天是哪一天嗎？」他問。

「我從來都不知道今天是哪一天。」我說。

「他說他從來不知道今天是哪天。」他說。

這時候我眼角才發現第二個人，他也穿著深藍色的緊急救援制服。我開始想起一些事情。昆茵在一座溜冰場，我很笨拙地滑向她，像是踩著滑板車上陡坡，然後又滑回自己的溜冰初級班。我還想起，他們把初級班和中級班混在一起上課。我記得有個矮矮胖胖的愛爾蘭人教我怎麼旋轉。我記得我那時候在想，要我這樣旋轉的話，可能會沒命。可是我想不起來這些事情的最開頭，我怎麼會去溜冰呢？

「你知道你家地址嗎？」

我知道，還好。

「麥可，你的神智暫時還不太清楚。」

現在我想起來為什麼會去溜冰了，是因為昆茵的媽媽認為我們三個人應該要一起做些有意義的事情。這只是要讓昆茵明白，她對我們還是非常特別的。至於這個有意義的事情，我們想來想去最後就決定是溜冰。塔碧瑟原本就會溜冰，但昆茵和我都不會。所以我們要一起上課。我們全家暫時一團和氣地出發，來到附近的溜冰場，這應該是沒多久以前的事。但我不記得為什麼要讓昆茵覺得她很特別呢。

「我太太和女兒呢？」我問。

「她們在外面，你的車子裡。」他說：「你還記得你的車子是哪一種嗎？」

我記得。現在更清醒了。「我昏過去多久啊？」我問，但他沒回答。

「車子是哪一年的？」他問。

一陣怒氣突然襲來，我的腦袋砰砰作響。我才不管它是哪一年的或者是什麼車，或者我晚上吃了什麼。我有更大的問題，比方說，我是誰？或者更明白地說，不管我到底發生了什麼，經過那件事情之後，我還是原來的我嗎？我需要那個人坐下來聽我這一生的故事，我從頭開始講，讓他聽聽看這一切是否熟悉。然後我想起別的事情：那本書！在我摔到頭之前，我正在寫一本書。

「你還記得車子是哪一年出廠的嗎？」急救人員問我。

我告訴他是哪一年的。這次答案很容易就出來了。

「你記得你跌倒嗎？」

「不記得。」

「那，你記得什麼？」

「我記得，我的書如果六個星期之內不交稿的話，我就完蛋啦！」

他感覺有點奇怪地看著我。「那，好吧，」他說：「總是個開始。」

所以，我就跟他說起我在寫作上的問題。現在，我的資料多到非常興奮，唯一限制只剩我能不能好好地處理和消化。這幾個月來我一直很擔心，覺得會不會突然發生什麼事，讓我無法如期完成這本書。幾個月前，這本書已經寫好的三分之一手稿竟然被偷了！還有以前寫的但未發表的文章和十五年來的私人日記，以及我記下關於兩個女兒的日誌，也全部被偷走。根據一位鄰居指出，當時是大白天，有一輛車窗暗暗的漂亮卡車停在我工作室旁邊，車上的人撬開我工作室的鎖，偷走了我的電腦和所有的備份檔案（在另一個房間），而且……別的東西都沒偷。他們竟然沒留下半枚指紋，這真是一個謎。

然後，因為大腦的某些神奇化學作用，我突然意識到自己這番話聽起來像個神經病。

「我知道這聽起來好像瘋了。」我說。

「這些都是真的嗎？」

「真的都發生過。」我說。

我繼續對那個人解釋說——他還是平靜地看著我，我不知道他為什麼還能這麼平靜——為了補償我手稿失竊的損失，我必須拋棄很多自己身為父親該負的責任，我太太對此是如何地諒解或者說是假裝諒解。我花了好幾個月重新拿捏「最低限度」，也就是說身為丈夫、父親至少要做到什麼程度，才不會一回到家就引發一陣恐怖的尖叫。

我是個閃躲天才，還撈到一個好藉口。我這本書是有期限的。迪西對此也許不太在意，一個六個月大的嬰兒，有沒有爸爸在身邊大概影響不大，但昆茵可就不同囉。我才離開她身邊，她就把她老媽搞得快瘋了。除了糖果之外，她什麼都不吃；除了看卡通，她什麼都不做。禁止她吃糖和看卡通，她就罵媽媽「你這個笨蛋太太」。禁止她不准這樣跟媽媽講話，她更誇張地大吼「笨驢」。那段時間連她老師都來投訴，說原本快樂活潑的昆茵，現在「孤僻陰沉」。在我幾次回家的短短時間內，就看到她不只是孤僻陰沉，更是野蠻粗暴，實在是讓人擔心。聖誕節那天早上，她發現自己的禮物已經拆完了，竟然抬頭說：「啊！該死！」我心想真是見鬼了，到底是從哪兒學來的。

當我說出最後一句時，那位急救人員笑了。他對自己的同事喊道：「他沒事啦！」

他們原本要開車送我去創傷中心，確定我的腦子是否受到損傷，現在他們只要送我去急診室把頭上的傷口縫起來就好。出發之前，他們請塔碧瑟進到救護車，跟我說她跟昆茵會在剛剛說到的那部車子裡頭，尾隨我送醫。我太太這時非常冷靜，像是冰塊一樣地冷靜。在我發現自己是個只會擔心自己腦袋的廢物時，她還叫我不要擔心昆茵，因為她早就把昆茵帶離現場，不會讓小孩看到自己爸爸倒在血泊之中。不過這也真是夠讓人驚訝的了，我們是多麼不厭其煩地避免讓孩子看到世界的真實景況。更讓人驚訝的是，不管發生什麼事情，就算我們以為可以暫時忘了孩子的時候，其實仍是惦記在心。

救護車一開動，警笛大響。這時我又想起一件事情：昆茵需要一點特別的感受，是因為我花了太多時間在趕稿。我會跑去學溜冰，是因為有人闖進工作室偷了我的稿子。我電腦的存檔遭竊，最後造成我自己受傷。

後來那位急救人員又來撥弄一台跟我連接在一起的機器。他大概以為我們剛剛說了那麼多，應該已經把事情都說完了吧。但其實還沒有。我的神智還沒恢復正常啊，而且我自己知道還不太正常。那時候我在想：摔到頭以後，應該不會再跟以前一樣了吧，但是要怎麼分辨呢？會有這樣的懷疑，就表示我跟以前一樣嗎？這個我也不知道；我所知道的唯一辦法就是講話，一直講話、一直講話。

「我要趕快寫完這本書。」我有點著急地說。

「喔喔。」他說。

「可是，」我說：「我還有一個問題。」

「是嗎？」

「我不記得那本書要寫什麼。」

「你等一下。」他說。我讓他覺得煩了，他甚至都不想隱藏一下。

我讓急救人員覺得煩了！接下來我一定是睡著了，因為再來我只曉得自己看到的不是急救員，而是個女醫生。

「聽說你是一個作家，」她問我：「你都寫些什麼呢？」

她很快就要後悔問這個問題。因為這時候我已經想起來了，是棒球！我正在寫一本跟棒球有關的書。當她幫我縫合傷口時，我免費地給她一整套我的寫作經歷，鉅細靡遺，包括我偶爾為家庭生活寫下的日記。我告訴她，我也寫過我孩子的出生，她就是在這間醫院誕生的。我跟她說我曾住過巴黎，也發表過一些當時的經歷。就在那時，她突然熱絡了起來。

「我看過耶！」她說。

不知道為什麼，我覺得好多了。

「我很喜歡你跟你兒子在盧森堡公園的那些文章。」

「那是亞當．高普尼克（Adam Gopnik）寫的啦。」我說。

這時候我第一次感覺到一些我以前一直都有的感覺。突然而來的惱怒、激昂的憤慨——喔，恐怖啊，喔，生命的渺小啊——這些都是那麼驚人地熟悉，讓我不能否認：我還是那個原來的我。

Part 3

第三個孩子

華克

chapter 17

好像還少一個人？

一直到我們擁有兩個小孩了以後，兩個似乎是很恰當的數字。後來我也覺得兩個真的恰恰好。我們原本的計畫也是兩個。五年前，我們為了讓生活擁有最大空間，兩個孩子以後也都有各自的房間，不惜破費把房子原本的四房改造成三房。後來有一天，塔碧瑟開始用那深情的眼光，久久地看著我，說出這樣的話：「我還是覺得好像少了個人。」

她認為我們至少應該討論是不是該有第三個小孩，但這其實只是表示說她已經做好了決定。能夠阻止這件事，只能靠我啦。但這也表示，此事之發生也不過就是時間的早晚罷了，所以塔碧瑟打電話給之前幫我們改造的建築師，說我們又想重新隔間，再增加一房。

嗶！嗶！嗶！

我聽到警報聲醒來，但沒有起身。因為多了個枕頭還有溫暖的毯子，產房的沙發真是意料之外地舒服。

嗶！嗶！嗶！

經歷過兩次孩子出生之後，我也學到一些專業知識：我知道產房這些機器的警報聲沒什麼好怕的。跟火災的濃煙探測器和機場安全檢查機器比起來，產房機器只算是美國生活中高喊「狼來了」的假警報而已。此外，我等待小孩出生的經驗也讓我學到：一、到醫院時別喝醉；二、不要講笑話、幹蠢事，那會讓護士感到不安；三、別以為這個時候你很重要；四、盡量多睡一會兒，因為這時候大家都超疲累的。當然，很重要的是，孩子出生的時候你要在場，而且保持清醒。你要是把這些事情搞砸了，一定會招來輕視和嘲笑，大家都會在你背後說壞話。然而在孩子真正出生之前，當老公的在產房裡頭可是在一種奇怪而尷尬的處境。人是在危機現場，卻找不到一個嚴肅的目的，就好像已經決定開戰，但還是沒動作的法國人。

為了那個警報聲，我頭上壓著兩顆枕頭——聽起來好像是止痛藥注射器的聲音——然後就在快要睡著時，聽到一個新的聲音：

「已經十公分。」

上一次他們過來看好像說是四公分，現在十公分顯然是頗有進展，但是時間已經過了五年啦，我哪會記得應該要多少公分。我還是起身坐在沙發上，用一種不自然的語調，假裝自己很有精神地問說：「那麼……還要再開幾公分，才要開始？」

這時候我才發現旁邊有位新醫生，她用那種覺得奇怪的眼神看著我，「十公分就表示小嬰兒快來啦。」她說。

「喔。」

後來我才知道，她其實剛進來幾分鐘而已。塔碧瑟之前沒看過也沒聽過這位醫生，她現在說她準備搬到底特律，不再接生小孩了。我們之間的關係很可能只限這一次。

「我是薇伊醫生（Dr. Vay）。」她邊說邊抓著凳子和口罩。

這時候是清晨四點二十三分，我整個人頭昏眼花、精疲力盡。當醫生坐到接生的位置，我大聲叫著「哎喲喂」卻喊出「艾伊薇」。

「是哎喲喂吧，親愛的，」塔碧瑟平靜地說：「你能拿鏡子給我嗎？」

我找到了鏡子。在柏克萊，好像沒鏡子就生不出小孩似的。我們這兒的觀念是認為，產婦在呻吟唉叫的時候，也要同時兼顧五種感官充分參與，才能賦予生產經驗莫大的意義。柏克萊最理想的生產儀式也許從來不曾真正實現，如果有的話必定是遠離文明，不靠止痛藥、醫生和任何現代醫學的幫助，在森林中，產婦自己生下小孩。產婦身邊會有一群呼號唱民歌的婦女，另一邊是所有她認識的親友，腳下安置一面大鏡子，可以看見小孩冒出頭來，頭的旁邊還有一頭舔舐餵乳的母狼。香爐白煙繚繞散發無碳氣味且別富深意。連胎盤都要保存下來，要是沒拿去做燒烤的話，還要回收利用。

塔碧瑟雖然不是要全套照搬，但打從一開始，也就是七年半前要生老大的時候，她就異想天開地認為要找助產士才會讓生產經驗更有意義，不要找醫生而且不用止痛劑。她還選好了音樂和按摩精油。她請了一位來陪她生產的太太，讓她的婦產科醫生非常火大，後來也讓她自己很火大，因為這位原本應該在她生產時用精油幫她按摩腿部的太太，說要出門買火腿三明治，就落跑一去不回。

這是七年半以前發生的事情。當時她身材苗條、臂部狹窄，對於身體上的不適幾乎是毫無忍受能力，就生產而言，我太太根本是個不良設計。第一次生產時我們就在現在這家醫院，她開始出血，全靠幾個醫生救了她的命，但他們臨危不亂，鎮定如常，我們是到後來才曉得醫生們做了多少事。第二次生產也是在這家醫院，這次可不只是救了我太太，還救了我們的第二個女兒，因為她進入產道的角度可說是歷史上的悲劇。到了我太太第三次懷孕時，她對那些焚香奏樂的自然生產已經毫無興趣，只想依靠無痛、客觀的現代醫學。這時候她認為麻醉止痛最好了，要是醫院可以弄條地下管道，把止痛劑送到家裡來，她肯定第一個搶著付錢。所以這次生產，柏克萊那一套就只剩下鏡子而已。

「你有感覺到子宮收縮嗎？」醫生問。

「有一點。」

拜託，她在說謊。要是她有什麼感覺的話，早就大呼小叫囉。

嗶！嗶！嗶！止痛藥注射器又叫了。這時又來一個護士，又一個應該是不會再見面的陌生人。

「安姬需要休息一下。」她說。

安姬就是那個搞半天也沒弄清楚注射器為什麼一直嗶嗶叫的護士。安姬離開產房。薇伊醫生對著產婦又推又擠，一會幫她按摩，一會靜心等待。她背後的牆上掛著一個小牌子，我的小孩出生後會看到的第一句話是：「我們努力提供五星級的服務」。

「我想你現在正在宮縮了，快用力！」

塔碧瑟憋氣用力，滿臉通紅像根紅甜菜，眼珠子凸出來。

「也許你不該憋住呼吸吧。」我也希望自己可以幫上忙。可是根本沒有人注意，因為我剛才睡著三十分鐘，如今連被人聽見的渺小權利也已經失去。

「你有什麼感覺嗎？」醫生問道。

「沒有耶。」

「想像你在大便。」醫生說。

我擔心想像可能會變成真的，於是從基地撤退，轉到我太太的頭頂附近。我這個跑龍套的現在更加孤立，像是找不到角色的演員。但不管怎樣我得裝得煞有其事，於是我跑去抓住塔碧瑟的一條腿，用力往後拉，然後就像個奴隸船的船長為划槳打數似地喊著：「一、二、三……。」我原本以為醫生和護士會笑出來，叫我停下，但他們沒有。我自己寫的這份台詞好像寫對了。

「一！二！三！一！二！三！」塔碧瑟越來越起勁，現在她的眼珠子快要蹦出來彈到天花板上了。

「就是這樣！」

生孩子這種事總有讓我不敢看下去的那一刻，除了恐怖之外什麼也感覺不出來。現在就是那一刻。它本該是美麗的景象，被錄影記錄或者至少是記憶下來，在心裡、腦海一次又一次地重播，但我覺得更像是個應該嚴密保守的可怕祕密。因為有那面該死的大鏡子，很難不看見，我十分鐘前是覺得此地無處可藏，現在則是苦於無處可看，眼睛不知道該看哪兒才好。

這一胎是男孩還是女孩，我們都不曉得。不過因為之前兩胎都是女孩，所以我們在討論名字時，花在男生名的時間顯然比女生名少得多。她從克萊曼蒂、潘妮洛普、菲比到史考特繞了一圈又回到佩妮洛普。到了午夜在臥房破水，弄得地板到處都是，我們又開始一場漫長的討論，我猜最後會回到克萊曼蒂。「潘妮．路易士」聽起來是不錯，但「克萊曼蒂」更讓人想唱歌。

「這一次做得最好！」醫生說：「再用力一次！」

「一、二、三……。」我覺得自己像是錄影帶中的健身教練理查・西蒙斯（Richard Simmons）。你一定做得到！

「就是這樣，再用力一次！」

「一！二！三！」

接著傳來一聲奇怪的聲音，像是沒毛的狗從流沙裡竄出來。咕～嚕～嚕～

「是個男孩！」

華克・傑克・路易士就在這宣告聲中，堂堂進入世界。

chapter 18

相親相愛練習

等他們把塔碧瑟從產房推到病房休息時，第一階段結束，第二階段開始。在第一階段裡頭，當爸爸的其實只是在裝忙，而且跟第二階段的煩忙毫不相干。到了第二階段，他馬上要變成司機、廚師、護士、跑腿的、馬上辦、萬事通，一個人要應付所有雜事，還得暫時扮演單親爸爸。第二階段的生活大概就跟墨西哥移民一樣，沒有了自己的空閒時間。經驗告訴我，進入第二階段以後，到我被自艾的海嘯淹沒之前，只有二十四至四十八小時。所以我得把握時間充分利用。

第一個任務是回家接七歲和四歲的女兒來醫院，讓她們看看這位新來的小弟弟，順便親身體驗有一部分繼承權遭到剝奪的快感。弟弟的誕生，應該已經讓她們進入一種微妙的心理狀態。不過我剛走進家門時可沒看到什麼微妙的狀態，事實上我連她們兩個都沒看到。只看到大門後頭散落著一塊花生醬巧克力餅乾的碎片；廚房裡有吃剩的早餐鬆餅，份量大概還夠二十個人吃。廚房碗櫃裡頭一些很久沒用的碗盤被搬了出來，幾年沒碰過的玩具散落在她們臥房的地板上。十三個小時前的午夜時分，幸虧寬宏大量的鄰居起床來我家幫忙看孩子，我們才能趕去醫院生產。這時候我一度有種感覺，要是我就此離開，那兩個孩子大概會很開心地利用那些新大人，為自己創造一個新生活，而且對過去毫不留戀。

我找了好久才找到她們正在庭院和仁慈的鄰居一起玩。

「爸爸！爸爸！爸爸！」她們尖叫著。

我們很誇張地擁抱。她們都曉得我剛才去哪兒，也知道媽媽去生小孩。但是她們都不想問那個應該要問的問題，反而轉身跑去找她們過去六小時搞出來的新玩意。

「你們現在有個小弟弟囉！」我對著她們消失的背影喊。事實上，弟弟正是她們最不想要的。

「小弟弟！」她們都尖叫起來。

我是那種在重大時刻從來不會有什麼特殊感覺的人，所以我也不應該期待她們會有，但我當然還是有點期待。她們一直到爬進我的休旅車才恢復正常。

「爸爸，」四歲的迪西從第三排座位問說：「小寶寶是怎麼離開媽媽的身體？」

這輛休旅車是我新買的。我在這輛車裡頭看到的人，從來沒有像現在這麼遙遠。我從後視鏡看去，她那個金髮小腦袋變成只有一小顆。

我大聲對著後頭敷衍。

「爸爸？」現在換七歲的昆茵了。

「怎樣？昆茵。」

「細胞是怎麼從你的身體跑進媽媽的身體裡面呢？」

這時候我們正好開進醫院的停車場。

「快幫我找個停車位吧！」

這就分散她的注意力了，她們都喜歡幫我找停車位。在舊金山灣區，找停車位可說是一種休閒娛樂。等她們長大以後，心理醫生可能會問她們：「你都跟你爸爸做些什麼呢？」然後她們都會回答：「找停車位啊！」

找到停車位之後，接著馬上又展開電梯大賽。兩個小孩跟過去一樣爭著搶按上、下樓按鈕，然後跟過去一樣迪西開始哭，因為她先按到的鈕被姊姊搶走，接著也跟過去一樣昆茵開始玩樓層按鈕。自從塔碧瑟又懷孕之後，她們兩姊妹把所有東西都當作是稀少的珍貴資源，任何事情都能是開戰的理由，不管是什麼小事、小東西都可以吵翻天。比方說是一顆小孩吃的維他命軟糖啦，甚至是一雙破襪子。要是在她們面前出現真正想要的東西，例如可以玩的電梯按鈕或者是一顆糖果——老天保祐啊——你在一分鐘之內就會聽到尖叫，兩分鐘之內就會有人哭。不過很奇怪的是，像這樣子她們兩個還是可以相處在一起。

等到電梯門在三樓打開時——兩個人都笑著，你絕對不知道她們剛剛跟血戰只差一點點——她們會看到高大的雪莉，她們才到她的膝蓋而已。高大的雪莉令人望之生畏，她是阿塔貝茲醫院的安全警衛，這裡每年接生一萬兩千個嬰兒都由她守衛才不會被偷。她想必是做得很成功，因為她在這裡守護嬰兒的時間比我們製造嬰兒的時間要長得多。七年半以前也是雪莉守護剛出生的昆茵。

即使雪莉現身，好像也沒能讓這兩個小女孩無休止的競賽稍微放慢速度。她們愉快地抓起保全標章，馬上展開新競賽，看看誰第一個找到媽媽的房間「三一三三」號房。自然是昆茵比較占優勢，因為迪西還看不懂個數位以上的數字，但她邁開步伐緊緊跟著姊姊，一邊尖叫：「昆茵，等等我！」昆茵飛奔而至，到媽媽病房門口竟然停下來，真是讓人驚訝。又大又冰冷的恢復室大門，就算是她也不敢硬闖。她緊張地敲敲門，宣告自己的到來，而迪西趁著這時候也急忙趕到。

「先讓我把衣服穿好！」我聽到塔碧瑟這麼喊著。

其實她不是在穿衣服，而是在布置舞台。為了這一刻，她已經努力了很久，但完全沒有我的功勞。她買了一大堆關於兄弟姊妹相處的書籍，讀給她們聽；帶她們來醫院，參加教導小孩與弟妹相處的訓練課程；她租過許多影片都是由她們最喜歡的主角講述如何與兄弟姊妹相處——迪西喜歡「愛探險的朵拉」（Dora the Explorer），昆茵則是食蟻獸「亞瑟小子」（Arthur）——每個星期天晚上，她都陪她們看這些影片；她甚至還買好禮物，準備在她們來醫院探視時，說是弟弟要送給她們的禮物。她們之前也許只是懷疑自己是遭到搶劫的受害者，在這種浩浩蕩蕩的公關宣傳之後，應該可以肯定了吧。過去幾個月，這種濫情的把戲幾乎天天上演。像這樣的例子大概有六千個，我就挑一個來說吧。

有一天下午我去幼兒園接迪西時，聽老師說她在操場上悶悶不樂，問她是怎麼回事。她就說：「小嬰兒來了以後，我的爸爸和媽媽就不會像以前一樣愛我了。」

問她是從哪兒聽來的呢，她說是：「姊姊告訴我的。」

我有時覺得，我們像是在修理某個電器時拿錯操作手冊，比方說拿著割草機的操作說明來修理洗衣機。但我太太下定決心一定要找到方法，來維護擁有三個孩子的幸福。現在的狀況是，要是你無法讓那些大孩子對新加入的弟弟感興趣，至少要讓她們減輕疑慮，讓她們知道弟弟不是來偷走她們的幸福。所以她這時候正在把華克從她的床上移到遠一點的嬰兒床。

「好了，進來吧！」

她們推開房門走進去。

「我可以抱他嗎？媽媽。」昆茵說。

「不行，我要抱他！」迪西大喊。

華克的身分要獲得認可，也是必須「一式兩份」。在一個賽車大賽中還不夠技師換好輪胎的時間裡頭，昆茵正抱著他，而迪西守在旁邊等候；她忍受著自己還說不明白的情緒，臉上表情跟暈車簡直沒兩樣。

chapter

19

產後恐慌症

在麻煩到來之前，本來會先有警訊，只是我竟然沒注意到。塔碧瑟出院回家那天下午，也是我們鄰居舉行華麗婚禮的好日子，我家昆茵和迪西都受邀去當花童。塔碧瑟回家後，兩個女兒讓其他人帶去馬克霍普金斯飯店做頭髮和化妝，之後她就要領著新娘走進自己的命運囉。

我心想，好極了！那兩隻小怪物今天都不在，至少在戰爭重新開打之前，塔碧瑟能在家度過平靜的一天。然而等我送哺乳藥草茶給臥床休養的太太時，卻發現她在哭。

「我只是想，我們的小女孩走紅毯時，我好想也在那裡啊！」她說得好像不是我們的鄰居要結婚，而是我們的女兒要結婚。

她會這樣其實有點不太尋常，雖然她對事情常有悲觀傾向，但通常在影響心情之前就會自己停止。這時候我抱著她，假裝自己很能體會她的心情，安慰她說，我們女兒在大家面前打扮得像個小公主，像這樣的機會大概會有三千次吧！只缺席這麼一次也還好啦。她聽了之後似乎也同意，感覺就好多了。我心想，過了這一關以後，還要努力挑戰下一關啊。一個家庭就像是一套立體音響。一套音響能有多好的表現，其實是由最差的那個喇叭來決定；一個家庭也是如此，它的幸福完全是由最不幸福的那個人來決定。那個最不幸福的人啊，有時候就是我，但更多時候是別人，所以我得時時提高警覺啊！以免別人的不幸福來降低我的生活樂趣。

第一個晚上，我兩個女兒回來後，狀況似乎很不錯。我真是不敢相信啊！一屋子五個人居然相安無事，好像是從十樓摔下來，結果毫髮無傷，站起來拍拍屁股就走開了一樣。

我屈指細數我的幸福，十根手指還不夠數，所以我只好數那些大的。我太太三次生產中，這是第一次不必醫生來挽救她的生命或孩子的生命。她這次可是精力旺盛、體力絕佳，連醫院允許她免費再住一晚，她都拒絕決定提早回家。我們這個小寶寶不但身體健康，而且就我的新生兒經驗來看，他還真是懂事。他只有在肚子餓和想放屁的時候才會哭一下，除此之外似乎非常滿意這個世界。他兩個姊姊的狀況也好很多，她們經過八小時公主般的款待，似乎現在也比較不擔心弟弟會搶走她們的風采。

我們一家在火爐前，就像是童話中的幸福家庭，聽她們嘰嘰呱呱說著第一次參加婚禮的經歷。

「當我們踏上走道時，他們就開始演奏塔可貝爾的卡農。」昆茵故意這麼說（因為那個德國作曲家叫約翰．塔可貝爾）。

說完婚禮趣事之後，她們打著哈欠準備睡覺，今天真是好乖、好夢幻，也留給我們好夢幻的時間，可以來拆閱堆放好幾個星期的聖誕卡。有個樂團鼓手每年都會寄來聖誕卡，但他每一年的家人都不一樣。這可不只是說換了新太太而已，好像連叔叔伯伯阿姨堂表兄弟姊妹都不同。這些人到底是誰啊？還有一對夫婦寄來的照片應該是可以幫助我們記憶，但我們根本沒見過他們啊，還說我們在二〇〇六年時曾經跟他們見過不只一次而是兩次面，但他們又是誰啊？

那兩個幸福的小女孩已經在自己床鋪上睡著，才剛出生的小男嬰睡在我們床邊，塔碧瑟加設的嬰兒床上。以前那個昂貴的嬰兒床早就送人了，因為當時她發誓生兩個就夠啦。結果現在又多了一個，讓我想起馬爾薩斯的《人口論》；先前這本書剛好要出新版本，我還欠人家一篇導讀，真是夠巧的。「我覺得，我完全可以提出兩條合理的前提假設，」馬爾薩斯在提出那個對人口很有名的錯誤預測之前，他寫道：「第一，食物是人類生存的必需品。第二，兩性間的情欲必然存在，而且幾乎會一直保持現狀。」然後他跟「大學炸彈客」（Unabomber）的宣言一樣既冷酷又歇斯底里地長篇大論，說到了大概二〇〇七年時我們最大的問題應該是玉米短缺。舊金山灣區的另一邊正在放煙火，這是除夕夜。

凌晨兩點左右，我被叫醒，是塔碧瑟，她臉上帶著我從沒見過的表情。

「對不起。」她說。

「沒關係，」我說：「怎麼了嗎？」我知道事情大條了！她現在正在努力保持平靜，但是眼睛轉個不停，顯得煩躁不安，好像全身上下有五十個地方同時發癢。

「我不知道，」她說：「我真的、真的覺得很害怕。」

她像個毒癮發作的人，需要馬上來一針才能鎮定下來。她嚇壞了，但更糟的是，她不知道自己在害怕什麼。她只曉得現在不能單獨一個人，就算我就在旁邊，她一閉上眼睛還是害怕得抖個不停。

「我想我可能要去掛急診。」她很不情願地說。

這可說得沒錯，但現在是半夜兩點，我們家有三個小娃娃，鄰居們都離開了，而我們最親近的親人遠在兩千英里之外。

「仔細告訴我，你感覺到什麼？」

「好像有什麼不好的事情就快發生了。」她雙眼充滿了淚水。「我覺得自己無法控制任何事情，好像就快要發瘋了。」

五分鐘後，我一邊在醫生的語音信箱留言，一邊在Google上搜索「生產恐慌」。

搜到的結果一開頭是舊約聖經的《詩篇》第四十八篇第六節：「他們在那裡戰兢疼痛被抓住，好像產難的婦人一樣。」的幾種翻譯版本，我跳過這些，直接往下翻，找到看起來比較有關係的條目：產後創傷壓力症候群。

「你聽過這個嗎？」我問她。

「沒有。」她說。不過婦女產後本來就會發生很多不愉快的事情，而且大多數是在太太半夜出現狀況之前，你都不曾聽過的。

「不要離開，留下我一個人。」她在我身邊顫抖著說。

我好像沒看過她害怕過什麼事情，但她現在比任何人都恐慌，簡直就像電影演的那麼誇張。她現在像是電影《靈異第六感》（The Sixth Sense）那個能看見死者的小孩。不過因為我擁有在別人的苦難面前保持冷靜的能力，此時的我可說是好奇多於警覺。那些真的快瘋了的人應該不知道自己快瘋了吧。我繼續在Google上翻找，終於找到一個叫克莉絲汀・希伯特（Christine Hibbert）的心理醫生寫的網頁，看來挺有道理：

> 婦女的產後恐慌症有三種常見的恐懼：一、害怕自己快死了；二、害怕失去控制；及／或三、害怕自己快發瘋了。

這就像你生平第一次看到紅喉潛鳥（red-throated diver），就在賞鳥手冊上找到牠的資料。原來是「產後恐慌症」啊，所以這件事總算有個名字了。婦女生產後大約每十個人裡頭，有一位可能會罹患此症。怎麼過去從沒聽說過呢？過了好久，醫生終於打電話過來，叫我要陪著她，盡可能地安撫，讓她恢復平靜。萬一她變得歇斯底里，就需要送她就醫。

接下來可是前所未有的新體驗。她無法入睡，也因為心裡想著一些可怕的事情，連閉上眼睛都無法。但我知道——或者說我以為我知道；從結果來看是一樣的——她現在只是身體的化學機能出現一些故障，很快就會自我修復，恢復正常，也許吃顆藥馬上就好了。她現在的感覺，跟她實際上是怎樣無關，只是某個單一事件所引發的心理狀態，而這個事件是她不會再經歷到的。就算有一天她突然變成鮮綠色的，也會完全恢復。不過她自己不知道這一點，她現在跟馬爾薩斯一樣，以為這個恐慌症會永遠跟著她。其實她非常勇敢。讓人驚訝的是，能夠讓她覺得好一點只是因為我陪在身邊。我幫她泡好茶，為她揉揉背，盡可能在她恐慌的時候保持理智和鎮定。

chapter

20

薑汁糖蜜蛋糕

有一天下午，我在廚房又發現太太站在那兒快要哭了，不過他們給她的藥片瞬間就讓她大腦裡頭的尖叫聲消音。這時候她不會再害怕自己快瘋掉，或者害怕所愛的人快要死掉，又或是偶爾感到悲傷。我有時候看到她正在穿衣或消毒奶瓶時，站在那兒就像是維梅爾畫中的女人，眼睛噙滿淚水。這時候問她怎麼回事也沒啥意義，那跟問一只癟氣的輪胎為什麼沒氣一樣。此時她所經歷的是產後荷爾蒙的奇怪變化，跟平常的她毫無關係。這時候她也不是需要誰來解救，只是需要有人安慰她。按理說，這就要靠我囉。

那個出狀況的下午，兩個女兒正在爭搶冰凍的優格，雖然優格是不應該冰凍的，但這東西不冰凍的話，她們還不吃呢。我走進廚房，注意到她們為了誰吃葡萄優格、誰吃草莓優格，吵得不可開交，而塔碧瑟站在旁邊，眼中泛淚。

我把太太摟在懷裡，問說：「你們不覺自己很幸運，有個這麼好的媽媽照顧你們嗎？」

迪西這時候只想著先搶到葡萄優格，根本沒注意我在說什麼，但昆茵抬頭看了我們一會兒才說：「好媽媽很多啊。」

這是她的新花招，在爸媽最脆弱的時候說些冷酷無情的話。兩天前她和迪西都生病請假在家，我那天去工作室的時候心情非常焦慮，想搞清楚：一、為新來的小嬰兒再重新弄出一間臥室要花多少錢（很多錢）；以及，二、連覺都睡不好的時候要怎麼繼續工作。

昆茵一找到機會就溜進電視間，在「TiVo」上轉台轉了一圈，找到一部比爾・蓋茲（Bill Gates）的傳記紀錄片，而且叫迪西進去跟她一起看。我一個小時後回到家，她們倆正等著我，昆茵雙手插著腰，迪西手上捧著一把野莓在那邊裝可憐。

「爸爸，」迪西很認真地說：「我從墨西哥灣暖流的水裡找到一些莓果。」

「這是在幹嘛？」

「那我們就可以吃啊，因為我們是窮人。」

看完比爾・蓋茲紀錄片後有這種反應，還真是可愛。不過昆茵用那種不畏強權、仗義執言的眼光一直瞪著我，她說：「爸爸，我們很窮啊，但你都不告訴我們。你一直在騙我們。」

跟往常一樣，很難判斷這是成長問題，還是心理問題。一個七歲小孩必須要試過各種可能得罪別人的方法，才會發現更符合社交禮儀的方式來解決問題嗎？或者這只是軟體升級一定會有的小問題呢？我不知道。不管怎麼樣，她媽媽正在我懷裡哭，我得找出一些好話來安慰她，但我什麼也想不出來。

最後我說：「你媽媽真的把你、我、迪西和華克照顧得很好啊，我真的為她感到驕傲！」

「你這麼說只是想安慰她而已。」昆茵接話。

我兒子才剛出生四個星期，兩個女兒就無法無天起來了。她們這些行為就好像自己沒什麼好失去地豁出去了，當然如果是從物質的角度來說，的確是沒有。她們最近表現得那麼糟糕而且持續那麼久，能被剝奪的東西都被剝奪光啦，不准看電視、吃糖果和甜點，不能約朋友一起玩，沒有特別的晚餐和早餐，也不能跟爸媽去一些特別的地方玩。她們就像是一對集中營的犯人，只剩下維持生存的基本物質，但還是繼續反抗，想要推翻政府。奇怪的是，老師們說她們在學校都還是個小天使。

有一天晚上，只有我在餐桌邊陪伴那兩個「小天使」。塔碧瑟在另一個房間照顧華克。我拿一枚硬幣想解決今晚第十回合的爭吵——誰要坐在哪個位子——結果失敗了。剛開始的時候，她們都喜歡用這個新方法來解決衝突，既公平又有趣，而且很新鮮。後來，我拿出一枚硬幣往上拋。

「我先猜！」

「不行！昆茵，你閉嘴！我先猜！」

她們又開始吵起來，音量全開，直到昆茵拿起梳子痛扁迪西，或者是迪西用指甲把昆茵的胸前抓得滿是血痕，留下某些幾乎要命的傷口。那天稍早我跟一位好朋友一起吃午餐，他剛好是個社會心理學家，席間我跟他說起我女兒那些奇怪的行徑，想從他那兒得到一些安慰。我連一半都還沒說完，他就問說：

「你知道別的生物是怎麼對待兄弟姐妹的嗎？」

我不知道呢。

「喔，是嗎，」他說：「他們多半在互相殘殺。」

然後他就說起一些物種的行為：錐齒鯊在媽媽的輸卵管裡頭就開始吃掉自己的兄弟姐妹；鬣狗從出生的那一分鐘開始，就把自己的兄弟姐妹當食物。

「藍腳鰹鳥更是殘忍。牠們的兄弟姐妹要是體重減輕到正常的八十％，」他解釋說：「牠們會把牠活活啄死。」

這簡直就是迪西嘛，她的齒痕現在還留在她姊姊的腿上。

我很生氣地瞪著孩子們，孩子們也很生氣地瞪著我。我心想，她們真把我當病貓了。既然她們要來真的，我就奉陪到底！讓她們見識一下什麼叫強權。

這時候有個慷慨的鄰居剛好送來一個超豪華的甜點——薑汁糖蜜蛋糕——外頭抹滿了鮮奶油。可是這兩個小傢伙正在被處罰，一個星期不准吃甜點。以前狀況好的時候，我也會同情她們的處境，弄點碎屑給她們解解饞，或者至少不會在她們面前大快朵頤，會等到她們都不在的時候偷偷享用。但現在我可不再有所顧忌啦！我切下一大塊，上面抹了厚厚的鮮奶油，身後感覺有兩雙小眼睛盯著我走進廚房。我坐下來時，盤子上堆著很大一塊糖蜜蛋糕和鮮奶油，而她們的盤子只有剩下一半的冷蔬菜。

我從糖蜜中叉起第一口蛋糕，沾滿了鮮奶油，慢慢地舉高，送進嘴裡。然後，我就看著迪西的臉，她顫抖著下嘴唇，可愛的小臉流下眼淚。這個不由自主難以控制的反應是她已經了解到一個可怕的現實，就是她老爸已經豁出去啦。幾秒鐘以後她終於放聲大哭，跑著離開廚房。

「看你幹的好事！爸爸！」昆茵吼了起來，跟著迪西跑出去。

我繼續把薑汁糖蜜蛋糕送進嘴裡，一邊又惴惴不安起來，想起我以前讀過這樣的故事。等到大家都睡著以後，我從書櫃把那本書找出來。那是英國記者奧伯龍．沃（Auberon Waugh）寫的回憶錄《這樣行嗎？》（Will This Do?）。我翻開第六十七頁，找到那一段故事，是奧伯龍描述他的爸爸伊夫林．沃：

就在大戰剛結束後，第一批香蕉運到。當然不管是我、我妹妹泰瑞莎或瑪格麗特也都沒吃過香蕉，但我們早就聽說過香蕉是全世界最好吃的東西。第一批香蕉運到之後，當時的社會主義政府決定讓全國每個孩子都能吃到一根香蕉，派了一群公務員分發香蕉兑換券。那個好日子到了，我媽媽帶了三根香蕉回家。但是這三根香蕉都放在我爸爸的盤子上，他就在三個孩子痛苦的眼光下，為香蕉倒上奶油——那幾乎是弄不到的好東西——還有糖——這也是嚴格配給的東西——然後把三根香蕉都送進他嘴裡。

我第一次讀到這一段時，心想這是哪來的怪物啊。現在我倒覺得這個人真是個可憐的傢伙。

「從那一次以後，」奧伯龍最後寫道：「他再談到什麼信仰啦、道德啦，我就不太當作一回事了。」

我可以想像伊夫林會這麼回答：「我粗暴地對待孩子們，他們也粗暴地回報我。但這是唯一一次嘛。」

第二天早上，我醒來後去浴室洗澡、刮鬍子。看見鏡子上貼了一張深藍色的便利貼，上頭無疑是昆茵的字跡，寫著：

小氣　小氣
你是一個
小氣的

在那之後，就再也沒人提起這件事了，接下來的那個禮拜也都沒人談到。那張便利貼我當然是拿掉了，後來兩個女兒變得乖一點，也都獲准可以吃甜點。然而我沒有一天不在懷疑著（不管是否只是稍稍想起）：我到底造成了什麼傷害；還有，這件事在以後，比方說在一本回憶錄裡頭，會怎麼呈現。除了可能真的會把小孩搞得一團亂之外，他可能以後還會怪你，說都是你害的，就算你實際上並沒有那麼做。

終於有一天早上，我開車送昆茵上學時，我看著後視鏡問她說：「你還記得那塊蛋糕吧，你不能吃但我吃掉的那塊？」

「什麼蛋糕？」

「你知道的啊，上週你寫了一張便條紙，貼在我的鏡子上？」

「什麼便條紙？」她問道。

我幫她提示了一下，但她完全不曉得我在說什麼，連一丁點兒都想不起來，當然也不記得妹妹的眼淚。

「我的問題啊，」她認真地說：「是我只記得很久、很久以前的事情，可能到公元三〇〇〇年都還記得。」

chapter

21

賽馬場殊榮

我上一次到紐奧良的遊樂場玩，已經是一九七七年春天，我十六歲時的事了。那時候有個同學欠了八千美元的賭債不還，大約等同於現在的兩萬七千美元，對一個高中生來說實在是筆大數目。他當時想出來的辦法是，把爺爺奶奶送他的生日禮物，一套錢幣收藏拿去當，籌出兩千美元的現金。然後他把這筆錢交給我，叫我拿去遊樂場賭馬，全部押在第六跑道的阿寶貝麗（Albo Berry）。他說賭馬實在太刺激了，他受不了，而且他還有數學課要上，所以請我代勞。阿寶貝麗出賽那天不是假日，時間就在第七堂和第八堂課，因為我只有電影史的課，可以安全地翹掉，所以我就找了另一個朋友一起開車去遊樂場，把兩千美元都押在阿寶貝麗，賭牠可以擠進前四名。

可能有一些法律規定是禁止未成年人從事賭馬活動，不過在紐奧良這種區隔大人和小孩的法律也不是太認真執行，關於賭馬禁令也是如此。只要賽馬場的人認為你不會讓他們被盯上，他們大概都會睜隻眼閉隻眼。兩千美元這種大數目當然會引人注意囉，所以我們認為把它分散成較小的賭注比較安全，這樣才像是小鬼會玩的嘛。等到阿寶貝麗要出場比賽時，我跟那個朋友已經用每注五美元的方式各買了兩百張馬票，兩人總共四百張。不過我們都收得好好的，然後找好座位坐下來觀看比賽。

這時候牠們已經開跑了，有幾匹馬從大集團中脫穎而出，但是沒看到阿寶貝麗。事實上，現場廣播也一直沒提到阿寶貝麗，彷彿這匹馬只在夢中存在而已。但後來牠好像知道這樣不行，開始有所表現。牠加快腳步從外側趕上，超越眾馬，排在第三。最後牠以一個馬鼻的領先，擠進前四名。我們花了半個小時跑來跑去才把所有馬票的獎金領完，總共是將近八千美元的小鈔。兩手抱滿了現鈔當然太顯眼啦，所以我們趕快跑向我們的車子。這時候才有個大人，跑馬場的警衛注意到我們。不過我們還是比他快一步。等我們咻地一聲從他身邊開過去時，我朋友正在車子裡頭撒錢，那警衛從外頭看進來，大概就像是遊行撒紙花一樣吧。我們趕回學校後剛好還來得及參加放學後的棒球練習。

現在是三十年後我第一次回到這個遊樂場，一手牽著七歲的女兒，另一手牽著四歲女兒。這趟旅程我本來不打算教孩子們怎麼賭馬的。不過我兄弟就住在跑馬場附近，我們三個去他家吃午飯，飯後我們兩個大人把小孩背在肩上，就走向跑馬場。我本來跟他們說只是看場比賽，看完就走。我是去那兒懷舊一下，她們兩個說不定也可以增長些見識。

「你答應我們也可以拿真的錢來玩嗎？」昆茵問道。

「對啊！爸爸，」迪西說：「我們可以玩真的錢嗎？」

「你們兩個都可以玩一點點就好。」我很謹慎地回答。

「那你要幫我們玩啊，」昆茵很懂事地說：「因為我們年紀太小了。」

通過馬場閘門後，我們就衝向看板區，看看要賭哪匹馬。但是半路就遇到艾爾・史鐸（Al Stall），他是小我一年的學弟，後來我們知道他高中畢業以後一直在馬場擔任賽馬教練。我是從高中畢業以後就沒看過他了，不過巧遇兒時朋友倍感親切，彷彿離別才在昨日，後來他帶著我的兩個女兒一起去看馬。他帶她們去看他這次參加比賽的馬，溫斯基，一匹健壯的棕色母馬，今年四歲。當我們正在觀察這匹馬的時候，溫斯基的騎師和馬主也都來了，她們也仔細觀察了這些人。艾爾那時就稍稍談這匹馬的事情，說牠是他最喜愛的一匹馬。艾爾的語氣聽起來，對這次比賽一點都不擔心，看起來也的確是不擔心。事實上，就像他的馬已經跑贏了比賽。

「我要押溫斯基！」昆茵堅決地說。

「我也要！」迪西說。

「要是我們贏了，你們女孩子也要參加我們的慶功宴喔！」馬主人說。

我們衝出去押點錢在溫斯基上。

「爸爸，他們說是什麼宴啊？」迪西問道。

但是這時我被售票機器搞得暈頭轉向，沒心思回答她的問題。現在買售票已經沒有人工櫃台，只有新設的馬票機，一個四十六歲的中年男要買兩張五元的馬票，比三十年前那個十六歲屁孩買兩千美元還複雜。我第一次還買錯，浪費十塊錢，第二次才買對，正確地押寶溫斯基。女兒們從我手裡拿走馬票，馬上衝到外頭隔著欄杆看自己選中的那匹馬。今日天氣晴朗，賽場鬥志高昂。隨著一聲鈴響，眾馬閃電般地衝出閘門，這時候我在想：難道這就是爸爸的責任嗎？把孩子帶到她們不應該去的地方，她們才能幹些不應該做的事。

一年大概有五十一週，我也是孩子道德教育的成員，但是這週我們一起來紐奧良參加狂歡節，所以算是例外。這七天就是由我負責，剛好可以用來培養她們在現代社會中必要的品性：狡詐、貪婪和魅力，而且要深深體會認識有力人士比擁有知識見聞更加重要。狂歡節可能也是為了這樣教導小孩而設，讓他們在我國各個傾軋慘烈的經濟部門中更具競爭力。遊行途中會有許多小念珠從空中撒下，男人爭先恐後搶成一團，年輕女孩為了它們不惜脫衣服來接。不過三個小時以後，那些珠子又變得一文不值。可是那不是重點，重點是搜刮得越多越好。

去年昆茵六歲的時候，她把她拿到的珠子串起來戴在脖子上。今年她一拿到珠子就偷偷塞進隨身攜帶的迷彩背包。「因為他們要是看到你有很多戰利品，就不會再扔給你囉！」她匆匆解釋，繼續努力四處搜刮。就算是四歲的迪西似乎也有優異的表現，後來我背了一整袋大概五十磅重的小珠子回家。

她說：「爸爸，你想知道他們為什麼給我這麼多珠子嗎？因為我都在裝可憐！」

我覺得美國的小朋友都應該來紐奧良參加狂歡節。那些表現優異的小朋友應該由高盛公司提供工作，找他們來賣債券，至於表現差的就帶來賽馬場，說不定是比較適合進場做交易。

比賽開始了，這一趟要跑一英里又四十碼（約一．六四六公里）。但過程毫無懸念，非常順利。跑在內側的溫斯基一馬當先，從沒落後過。輕輕鬆鬆就跑贏全場，如果我是跟牠一起比賽的馬，大概會跑回馬棚，開槍把自己斃了。我那兩個女兒興奮地蹦蹦跳跳：她們贏了！

「我們贏了多少錢啊，爸爸？」她們問。

這時候她們才剛認識的好朋友，溫斯基的主人、教練和騎師都過來，帶著她們一起參加慶功宴。他們一起合照，昆茵和迪西站在前排中央，有個男的扛著電視攝影機前前後後跟著她們，捕捉她們每個角度的笑容，送到場外各個投注站的螢幕上，昆茵看著攝影機高興地揮手。

在她們走進遊樂場的二十二分鐘以後回到車上座位，手上揮舞著五元鈔票，又在尋找有什麼新鮮事可以爭吵。對於這個新的經驗，她們兩個其實都不太在意。孩子們幸運中獎的問題在於，她們並不理解也不感激這樣的好運，對於幸運的感覺多半只是覺得開心而已。不怕麻煩地讓她們得到一個機會教育，但她們很快就忘了這個教訓。在回家的路上我向她們解釋說，像她們這樣兩個小女孩可以在平常的日子進馬場看賽馬，而且還拿著中獎的馬票參加慶功宴，左手拉著騎師，右手牽馬主人，這種機會可是不常有，更別提外場投注站的聯播電視還幫她們轉播。我努力解釋一番，兩個小女孩到家時總算相信自己這趟經歷也有值得一提之處，只是她們的重點各不相同。

迪西一回家就跑到後頭找媽媽，尖叫著：「媽媽！我在賽馬場贏了五塊錢！」

昆茵則是興沖沖地跑上樓找她奶奶：「娜娜！我們上電視了！」

chapter 22

與病毒抗戰

我開車一小時到外地演講，上台後就把手機關了，結果塔碧瑟在那段時間內留了三個語音訊息。第一個訊息，她說華克呼吸有點急促，她要帶他去看醫生；第二個訊息，是她從診所趕去醫院急診室的路上留下的；第三個訊息是從急診室的公共電話撥來，不知道她是在哭還是忍著不要哭出來。

「他有呼吸道融合病毒。」她壓低聲音地說，又說小孩現在被綁在擔架床上，正等待救護車送去兒童呼吸道融合病毒的專門醫院。據說她的手機在那兒不會有訊號，而且也沒留下任何聯絡電話。

所以，我現在正在聖馬岱歐橋上瘋狂飆車，心裡想著我兒子出生後的這十一週，我為他實在是做得太少。這七十六天裡頭，我沒有一個晚上跟他睡在同一個房間，除非把他出生那一晚計算在內。半夜用奶瓶餵母乳也幾乎交給太太去做，雖然有幾次我到半夜還沒睡，也很少親自餵他。飲食的事情幾乎完全不需要我，他每天喝八次奶，總共喝了六百多次，完全不需要爸爸。換尿布的次數跟吃奶差不多，我呢總共幫他換了七次，少到每一次都記得。他每天睡十六個小時，也就是說每天有八小時需要看顧。其中大約有三小時是在吃奶，另外就是在洗澡和換衣服，這兩種狀況也是我會想辦法逃掉的。那麼剩下來的自由時間每天大概四小時，加總起來約三百個小時吧，但我真正每天陪他的時間也沒有超過三十分鐘。

這些數字都是活生生的事實，我自己看了都十分驚訝。不管怎麼解讀，也只能讀出一個對孩子疏忽到令人髮指的爸爸（六百次尿布竟然只換了七次！在現代應該是破紀錄了吧）。這個成就的一小部分，也許可以禮貌性地說是態度問題。每次被要求照看小寶寶，就算只是短短幾分鐘，我都像是面對長期徒刑判決的企業執行長。我會繞著房子忙著打理自己的事情，不知道在被社會移除之前該應把哪些事情處理完。然而我的疏忽大部分是來自家庭生活的結構性改變，也就是突然間多了第三個孩子所帶來的不同。

我們過去像個集體農場，但現在則比較類似製造業的公司，對於勞力付出要講求嚴格而有效的分工。媽媽負責照顧寶寶，爸爸負責其他的人，或者是付錢請人代勞。如此一來，家庭產能才能維持穩定，而且讓人驚訝的是，媽媽對這樣的安排也沒有不滿和抱怨。過去十一個星期以來，我常常以為自己做得這麼少，一定要被老婆責罵，結果卻發現不管我做什麼都受到表揚。在那些罕見的情況下，我並不是在盡自己責任的爸爸，而是急公好義的生產線工人，趕著過去幫忙另一位進度落後的同事。我在公司裡頭成為英雄、當月的模範工人。

而這條生產線在那天下午終於停工了，齒輪上沾滿了爸爸的愧疚。我花了九十分鐘才回到家，把女兒帶去隔壁請慷慨無止境的鄰居幫忙看顧，然後匆匆忙忙趕去醫院。到了那裡，我發現華克的鼻子插著兩條管子，左腳上頭也插了一根，胸部貼著幾條電線。他腳邊的毯子沾有乾掉的血跡，大概是護士插點滴管時造成的。他的情況看來很糟，但他媽媽看來更糟！她這幾個月睡眠很不正常，而且過去五個小時以來小孩一會兒要打針，一會兒要接受檢查，又是被綁在擔架床上推來推去，都是媽媽在旁照料。關於呼吸道融合病毒，四位醫生提出四種不同的解釋，而且更糟糕的是他們說華克很可能要住院至少一星期。

「別擔心，」她彷彿知道我在想什麼：「這幾晚我會陪他。」

三十分鐘以後，她關上門走了。現在只剩我跟華克兩個人，這還是我第一次跟他單獨在一起呢。除了他可憐的喘息聲和測量血氧含量的機器聲以外，病房顯得異常安靜。

呼吸道融合病毒簡稱「RSV」（Respiratory Syncytial Virus），對柏克萊這邊的小孩來說，簡直跟腺鼠疫（一般俗稱黑死病）沒兩樣。這醫院的病房樓層有二十八張病床，其中二十五床都是罹患呼吸道融合病毒的嬰幼兒，而他們的共通點是：都有上學的哥哥或姊姊。在我們這個時代，學齡兒童根本就是散播疾病的老鼠。那些比較大的孩子在學校跟同學們愉快地交換病菌一整天之後，他們也許只是稍有感冒症狀，然後回家給小弟弟一個親吻，後者很可能馬上就喘不過氣來。而且這個病也沒什麼特效藥可以醫治，只能用一台機器監測他血液中的氧含量，萬一出現窒息癥狀，也只能仰賴人工呼吸器來救急。

我的看顧工作就是注意他有沒有窒息的情況。在他病床的上頭，有一個像雷達測速器的黑色盒子，上頭閃爍著紅色數字。這數字如果顯示一〇〇的話，表示狀況最好。要是掉到九十以下，這個盒子就會開始嗶嗶叫，我就要趕快把護士找來，幫他抽取鼻子和嘴裡的黏痰。大概有一個小時左右，他的數字都維持在不錯的九十四，後來突然就降下去，我趕快請護士過來。二十分鐘後又發生了一次，然後又發生好幾次。到了晚上大約六點，他終於能夠正常呼吸，才終於睡著。這時候電話響了！我根本不知道這裡有電話，但它就在那裡鬼哭神嚎，而且就在華克的耳朵旁邊。他被吵醒以後開始哭，我忙著接起電話。有個女人說是從醫院的「金融諮詢部門」打來的，她說她已經檢查過我們的健康保險，自付金額是一百美元。

「所以呢？」我說。華克這時候應該是想要大哭的，可是他現在沒聲音，只聽到他小聲地喘著氣。

「你要怎麼付款？」她問。

「帳單開過來吧！」我說。

「通常在你離院之前，就要付清。」她說。

「你不能寄過來嗎？」我問。

「我請快遞送過去。」她說。

四十分鐘以後，好不容易哄睡了小病人，這時又換護士來打擾。

她進來大聲地問說：「媽媽呢？」華克被吵醒又哭了起來。她在旁邊嘰嘰喳喳個不停，等到華克號啕起來，她才說：「像你這樣的爸爸應該要多一點啊。」

我正想回答「有啊」，她已經閃人離開。接下來又是我一陣手忙腳亂，才把小孩哄進夢鄉。

過了三十分鐘，那個送帳單的快遞來敲門，小孩再次被吵醒。接下來的二十四小時，我們就這樣三番數次地被騷擾，來收錢的、護士、醫生、實習醫生、掃地清潔的、換床單的，小孩被吵醒後好不容易哄睡，下一個冒失鬼又進來，如是這般沒完沒了。每次被吵醒就哭，一哭就生痰，呼吸一不順暢他就開始喘，然後那個雷達測速器的數字就猛往下掉。奇怪的是，醫生都說他們對這個狀況完全幫不上忙，儘管人是住在醫院，好處也只是距離人工呼吸器比較近而已。而院方的種種作為，彷彿就是為了讓人工呼吸器更有機會派上用場。

我們醫療體系的狀況就是這樣，不會讓你死掉，但也絕對不會讓你好過。禮貌地要求安靜根本就沒用，四分鐘就碰上一個不同的護士，後來的也不會知道前面那個做過什麼或沒做什麼。等到小孩被吵醒十五次以後，我想我得拿出爸爸的魄力才行，所以我就做了一個告示牌：

請勿打擾
我在睡覺
謝謝！
華克敬上

我把它黏在門的旁邊，又拉兩把椅子併起來像張床似地擋在門口，有人要進來的話除非是從我身上爬過去。然後我像野外求生客那樣蹲下來，等待敵人進攻。第一次攻擊是在那天晚上十點左右，又一個沒看過的護士。

「你想幹嘛？」我直接了當地問她。

「我只是想看看他。」

「看他幹嘛？」

「我們應該來看一下啊。」她說。這意思是說，她來也只是收集一些未來萬一發生訴訟可以派上用場的證據而已，除此之外沒有別的作用。

「不行！」我說。

然後她就離開了！

接下來我又擊退幾次攻擊之後，消息大概傳開了，說是五四二六病房有個混蛋守衛在那個小男孩的門口，我們才能安安心心地待在病房裡頭，不再有人打擾。我幫他換了尿布，餵他吃飽，也替他吸鼻涕。我第一次注意到，他的手和腳長得跟我很像。我仔細察看他的身體，在他的後腦勺找到一個心臟形的小小胎記。而且我發現，要是我把他抱在胸前，撫著他的背哼兩聲，他馬上就睡著了。後來塔碧瑟也來醫院要替換我回家休息，但我已經不想走了，因為他現在已經是我的管區啦！每一次多個小孩，我再不情願都會學到同一件事：只有實際去做那些又煩又單調的事情，你對小寶貝才會產生那種應該要有的感覺。你必須實際地照顧他，才會有情感上的聯繫。

隨後兩天他的病況有明顯的好轉。到了第三天，雷達測速器的數字已經到達一〇〇了，小病人現在狀況似乎已恢復正常。那天早上六點，有個實習醫生看來除了滿足自己的好奇心之外別無理由，趁我在廁所疏於防備之際闖了進來。我聽到外頭有點騷動，趕快走出廁所，發現那個醫生正彎腰看我兒子，正準備用冷冰冰的金屬貼到他正在睡覺暖烘烘的身體。

「你又想幹嘛？」我衝著他問道。

「我可以聽聽他的呼吸嗎？」他問。這傢伙甚至算不上醫生，只是個遊客。

「不行！」我大聲地嗆回去，跟史瑞克一樣兇猛。

我這兩天幾乎沒睡覺，沒心情跟他五四三。雖然我不是故意的，但聲音聽起來比我以為的還兇，那個可憐的傢伙嚇得趕快逃走。然後我低頭看著華克，莫非是我看錯了？我看見他在笑。他的嘴巴、鼻子都插著管，但他感覺好像很興奮。我們現在好像是並肩蹲在散兵坑的弟兄，齊力抵抗醫院員工反覆不停的攻擊。

「老弟，你怎麼樣？」我說。

他笑著給我一聲：「啊咕！」綻放出咧嘴笑容。

這時候醫生正好來到病房，宣布好消息。她指著他頭上的黑盒子說，現在的數字已經到了九十四到九十六之間，是本樓層最健康的小朋友。我的第一個想法是：其他二十四個罹患同樣疾病的小孩都比他還要危險，既然兒童醫院從沒聽說有二十五個孩子同時病危的事情，意思就是說他不會喪命囉！我的第二個想法是：他已經戰勝呼吸道融合病毒了！我低頭看著他，感覺十分驕傲。他又笑了，我好愛他。

chapter

23

輸精管結紮手術

我躺在手術檯上，盯著背對我的護士正在刷洗雙手，這時候我想到，輸精管結紮手術的經驗除了會面對其他問題以外，在社交體驗上也十分尷尬。

「你需要排空膀胱嗎？」護士問道。

她很明白要跟陌生人談到生殖器時，最安全的方式就是運用醫學語言。這家診所的牆上別無其他裝飾，只有一個男性生殖器的醫學圖片，非常清楚地揭示這裡是幹什麼的。

「我想，不用。」我說。

「好的。」她說，「我等一下就過來幫你除毛。」然後離開去做那些他們在我睪丸動刀之前該做的事。

兩個月前醫生找我做過手術前的諮商，那是要確定讓我知道，不管我老婆或州警察跟我說什麼，我依法都沒有義務要進行結紮手術，醫生還說加州法律規定，在諮商之後到實際進行手術之前，必須有一段冷靜思考的時間。那個天氣寒冷的下午，他跟我說了許多關於輸精管結紮手術的事情，可是根本沒提一開始會有個女人看都不看你一眼，就把你睪丸上的毛刮個精光，而且除了一些不能不講的話之外，連一個字都不多說。

那個護士回來後一樣是面無表情，不過她現在正揮舞著一把用完即丟的刮鬍刀，我覺得對於這個重責大任，那玩意兒也未免太廉價了。她執行任務雖是動作俐落，但也顯得毫無樂趣，活似在海軍剃頭的理髮師。我很想幫她什麼忙，不過好像也沒別的事可做，除了希望她不要因此退縮。我在這個無邊無際的寂靜中，心中的不安激發出許多瘋狂的想法。

會不會一時失手，割斷了什麼東西啊？

老天！我不會這時候勃起吧？

難道這是我的最後一次？

也許我應該再來一次，以茲紀念。

有時候腦袋真是非常危險的地方，而現在就是這種時候。那裡的天花板跟地板一樣，滿是污漬斑點，所以我就不再胡思亂想，開始數天花板有幾個污點。過了好久，她總算剃完了。

她丟掉那把刮鬍刀，說：「醫生二十分鐘就過來。」

二十分鐘的意思是說，不曉得還要耗多久。我發現自己會在這裡的原因之一，是我根本沒想清楚這裡到底會做些什麼。我現在可有的是時間來考慮這件事，並且問問自己幾個顯而易見的問題。比方說，我它媽的到底來這裡幹嘛？按理說，答案很簡單嘛。我太太希望我在這裡，要拒絕她的話顯然是太自私。她經歷了三次懷孕，遭受三次生產的痛苦，尿布大多數是她換的，半夜起床大部分也是她，而我呢，就是因為這樣才有很多時間寫文章，抱怨當爸爸照顧小孩有多忙又多忙。所以啦，現在機會到了，換老爸挺身貢獻一下！

答案本來這樣就夠了，直到現在這一刻，距離醫生動刀只有幾分鐘。我的腦子裡充滿的是一個成年男人的尖叫聲：

「他們要在我的小雞雞上開一個洞！」

我想要說的是，我到底為什麼要躺在這裡四肢攤平，暴露那個沒毛部位，不知道要對那個不言不語，在我胯下拚命刮的小姐說些什麼才好？我現在才想到要問自己，這一切到底是為了什麼？這個手術不是在控制生育，而是控制生活。我應該跟別的男人一起，為著自己的生殖能力而戰鬥。

我有個朋友，他老婆叫他去動手術時，他只是笑著回說：「萬一有一天我要找個年輕貌美的花瓶當老婆呢？」

另一個朋友也拒絕太太的建議，還說：「要是你跟孩子們有一天搭飛機掉下來怎麼辦？」

我認識的其他男人都因為聽說這手術有副作用而拒絕。

「我有個朋友做過這手術，結果十個月都感覺不到自己的老二。」某個晚餐派對上有個男的看來很懂地告訴我：「我知道這件事之後就說『免談！』」

而這些還是住在加州柏克萊的男人呢！各位可以想像一下，如果是在充滿男人味的中西部，他們會說什麼。總有一天會有人採訪跨越各種群體的人口統計代表，針對腰部以下已經動完手術的美國人，為節育後婚姻可能隱藏著哪些爭議撰寫可靠的社會學論文。因為這論文還沒人寫嘛，所以大家都可以來猜猜結論是什麼。我自己的猜想是，全美國的太太們都像石油輸出國家組織一樣，想控制老公精液的開關，而做丈夫的都拚命想維持油管暢通。這場仗就圍繞著一種珍貴資源而展開，可惜沒有戰地記者做報導，那些男主人已遭切除的夫妻，當然都假兮兮地說那不是個問題，而且老公們都很樂意被中性化。

現在我獨自躺在手術檯上，自以為想得透徹，而且激動起來。然後不知道從哪兒傳來另一種聲音。

「你這樣像個混蛋。」他說。

這時甜蜜的理性進來干預。

「你這麼想並不公平。」她說：「你自己答應來動手術的，她也沒強迫你，除了每兩個月會提醒你一次，說你已經答應了，並且問你什麼時候要去找醫生。」

所以我開始列出切除輸精管的好處：

一、萬一我太太又有了，那我肯定不是爸爸。

二、別的女人要是有了，也賴不到我頭上。

也許是因為我想不出第三個好處是什麼，或者是牆上那個鮮紅色的陰莖解剖圖嚇到我，反正這時候我腦子裡突然有個新念頭：快逃！雖然我躺在這裡，蛋蛋也被剃毛了，我還是可以在醫生過來之前跳下手術檯。我的車子就在四十碼外，我衝過這四十碼就能確保自己完好無缺，還是一個正港的男子漢！我之前硬充好漢，事後只想一個人自艾自憐，所以我是自己開車過來動手術，也準備自己開車回去。因此這時候要是落跑打退堂鼓，也沒人會知道。

就在這時候，醫生進來了。

他掀開我的罩袍，用那種「讓我們來看看這兒有什麼」的眼神隨便瞥了一下。我們輕鬆打趣了幾句。對我剛才心中的胡思亂想，他好像都不曉得；要是他知道的話，那他可是隱藏得真好。

「有件事情我一直很懷疑，」我說：「不過你要答應我，我要是問了，你要老實回答。」

「我保證！」他說。

「你有沒有打開門後，發現原本應該在這裡的病人不見了？」

他笑了。「你是說，有沒有膽小鬼逃走嗎？」

「是啊。」

「沒有。一次都沒有。」他說：「不過很有趣的是，大概有四分之一的人，喔，不，可能有三分之一吧，約好要動手術卻沒出現。」

是啊，我同意，那真是天人交戰啊，那就甭戰啦！我發現我的陰囊被戳了一根針，陰囊這東西可沒準備要被戳根針啊！不過這個醫生動作非常快，快到讓我懷疑，也許他知道要是動作不快一點的話，可能就要在高速公路上狂追我這個病人了。我這時候雙手捏得緊緊的，抓著手術檯上的紙床罩。

「刺痛感大概只有一分鐘。」他說：「等一下你要是還感覺很痛的話，就要告訴我。」

不過我沒有劇烈的疼痛感。接下來的三十分鐘，我只有一些拉扯和捏擠的奇怪感覺——偶爾還感覺胃被揪得緊緊的——好像他為了好玩，想看看一顆男性睪丸承受一百七十磅的壓力會怎樣。輸精管切除手術有一半的時間感覺好像要被揉成一條麵包，另一半時間則像是自己要被縫進一條被子。事實上那個醫生就如同在烘焙或是縫紉似地，邊烤邊聊或者邊縫邊聊。而我一直提心吊膽，準備在感覺尖銳疼痛時放聲大叫，所以完全跟不上他的談話。

「說點別的吧。」我打斷他的談話，因為我根本不知道他剛剛在說什麼。

「什麼別的？」

「你自己有小孩嗎？」我問。

「有啊。」

「那你還打算再生嗎？」

「沒有。」

「所以你自己也動手術了嗎？」

「沒有。」他停頓了一下，說：「還沒有。」

「偽君子！」

他笑了。「有原因的啦，你不曉得。」他說。

不過這時候他已經完工了，所以聊天就到此為止。

「好了，你可以穿上衣服了。」他說：「不過要小心。」然後他就離開那個房間。

我從手術檯上站起來，身體搖搖晃晃的。從脖子到大腿都是汗，紙床罩黏在我背後，我一扯它就破了。我穿好褲子，慢慢地走回車上，自己開車回家。我現在是老婆的英雄、男性的叛徒、非常現代的美國男人。

chapter 24

青春的最初與最後

每天晚上等華克睡著以後，兩個女孩也躺進她們的雙層床，塔碧瑟會讀一本關於青春期的書給昆茵聽。雖然現在是嫌早了點——昆茵才九歲啊——但可說是考慮得深遠。雖然太早介紹這些觀念給小孩子，可能會讓他們在生活上出現混亂，但早點知道那些事情也可以避免他們有一天讓自己陷入尷尬。比方說身體的哪些地方會長毛、哪些地方會膨脹起來啦，散發奇怪體味或是出現黏黏的分泌物等等，這些都是需要了解的事，也是他們熱切期待的成長。

那兩個女孩每天早上一起刷牙時，昆茵就會跟迪西上課，說誰的哪裡什麼時候長毛，誰的哪個部位怎麼會出現奇怪氣味。這兩個老師和學生既不嬉笑也不扭捏，也不覺得有什麼不好說的，這樣的知識轉移可跟我記憶中的完全不同；不但十足的大人模樣，甚至可以說很不像美國作風，我看她們比較像法國人。昨天昆茵堅持叫我們帶她去買胸罩。

看著那一疊扁扁無罩杯的胸罩，迪西很認真地問說：「昆茵已經到了青春發育期了嗎？」

睡在下鋪的迪西聽這些也聽得夠多了，多到足以感覺自己被排除在外。我要唸書給她聽時，她挑了一本書叫《媽媽下了一顆蛋》（Mommy Laid an Egg）。這本圖畫書是跟小朋友解釋小嬰兒從何而來，好讓爸爸媽媽們不必自己解釋。按《媽媽下了一顆蛋》的說法是，爸爸有個種子莢，媽媽有接收器。爸爸把種子莢插進媽媽的接收器，然後小嬰兒就開始成長。不過這本書不只如此，不但畫出媽媽在接收爸爸種子莢時眉開眼笑，而且簡直是放縱狂歡，姿勢豐富。比方說有張圖是媽媽和爸爸趴在滑板上辦事，另一張是爸爸媽媽正在廚房的流理檯上乒乒乓乓。這真是讓人吃驚啊，不過想到這樣也可以通過審查又令人感到欣慰，畢竟在《晚安月亮》（Goodnight Moon）那本童書裡頭，連煙灰缸都被刪掉了。

迪西卻對這些毫無興趣，她只喜歡看小寶寶出生那一段。但是那張圖卻畫得很簡單，就是單純線條畫出來的媽媽把線條寶寶生出來而已，到底是從哪兒生出來的呢，其實非常含糊。

「我以後不要生小孩。」她最後說。

「為什麼不要呢？」塔碧瑟在上鋪問道。

「我才不想從屁股生出什麼東西咧！」迪西邊打哈欠邊說。

「不是由屁股生出來的啦，」昆茵很懂事地說，然後又故意說：「是從你的陰部出生來的。」

迪西快睡著了，而昆茵才剛開始對身體的氣味感興趣，顯然未來幾天她會努力說服自己也有那些氣味。這我就不管啦，暫時先這樣吧！不過我正要離開時，聽到昆茵問塔碧瑟說：「爸爸為什麼要去做平分手術？」

「是切除手術。」塔碧瑟說。

「不對，不是。」昆茵說。

「平分手術是什麼？」迪西問。

「是——切除——手術啦。」塔碧瑟不耐煩地說。

「好啦。」昆茵說：「爸爸的種子莢不能用，是因為他去做了平分手術吧。」

　　唉呀，爸爸的種子莢不是不能用啦，那個醫生說輸精管切除手術不是讓它什麼功能都沒有，只是切斷活精子的供應而已；而且那裡頭顯然有一個儲存槽裝滿了那些魯莽的小動物，必須要清空才行。而要清空儲存槽需要多少時間嘛，嗯，要看情況而定。我有個朋友最近才剛動完手術，他的醫生告訴他要做六次愛，再來檢查是否確定沒有精子，然後他脫口而出：「那要花上一整年的時間啊！」我的醫生毫不廢話地告訴我，說要等個半年再去一家實驗室做精液測試。

　　上面說的就是七個月前的事。這七個月以來，這一幕一直在我腦子打轉：我要親自面對一個完全陌生的人，向他——也可能是她——說明，我要來這裡弄出精液，而且交給他。再來要怎樣啊？這樣的對話是要怎麼展開呢？這也不能在舒適而隱密的家裡自己擠出樣本，除非你要把它冰起來並且在一小時內送到實驗室。既然不能在家裡自己來，那麼這件事到底應該怎麼做呢？

　　我那時候本來排好時間要去找醫生做定期檢查，就用這個當藉口延後了一下，因為我想聽聽看他的意見。

「我已經做了原本說的輸精管結紮手術了喔！」我愉快地說，當時他在幫我量血壓。

「結果如何？」

「還很難說，」我故作輕鬆地說：「不過他們要怎麼收集精子樣本啊？」

「你就去實驗室，然後他們會給你一個杯子啊。」他說。

「就這樣嗎？」

「就是這樣。」

「他們不會做任何事情，呃，幫你弄出來嗎？」

「你是說找個女人幫你弄出來嗎？」他放聲大笑地嚷了出來，聲音大到整個走道的人應該都聽得到。

「不是，當然不是！」

「那你的意思是？」他問。

我實在很不想解釋。我的意思是說，沒人想做這種事吧！走進某個辦公室，對一個完全陌生的人說他要找個地方自慰，而且還要對著杯子，誰想幹這種事嘛！凡事總有個限度，就算是在美國，我覺得要處理這個問題，總應該會有個比較低調的方式吧。

「我只是覺得這樣好尷尬啊！」我說。

「這樣吧。」他說，然後他開了一張驗血單：「你就拿這個去，在驗血的同時也做精液檢測。」

所以我就自己騎著登山腳踏車去奎斯特診斷中心（Quest Diagnostics）最近的辦公室，它就在我家孩子出生那家醫院的隔壁。我汗濕的手掌捏著兩張檢驗單，一張是驗血、一張驗精液，前者掩護後者，這很快就完成啦！我告訴自己，就是去打一槍嘛，應該很稀鬆平常。而且會有明確的規則可循吧。

但是並沒有，反而是一間滿是女人的小房間。她們大多坐在環繞房間的椅子上，各自保持著安全距離，閱讀一些過期三個月的《時人》雜誌，還有幾位在接待櫃台附近走來走去。接待櫃台那裡沒什麼私人空間，就是一張桌子，後頭坐著一位女人，而且她還不是讓人看起來放心的無性別戰艦，而是身材曼妙的美女，怎麼看都不像是要接受精液樣本。更糟糕的是，她桌子旁邊那群女人都不是有什麼事在那裡等候，比較像在那邊閒晃，等著看有什麼好戲上場。

「有什麼事嗎？」桌子後頭的美女問道。

我聽到身後的《時人》雜誌沙沙沙的翻閱聲，也感覺得到後頭那些太太小姐們對我是來幹什麼的頗有興趣。我剛剛騎腳踏車過來已是滿頭大汗，再加上沒脫安全帽，可能看起來像個自行車快遞。

「我要驗血。」我若無其事地說。我遞給她那張驗血單，邊想像後頭的太太小姐們對我應該就沒興趣了吧。當櫃台後面那個小姐正在看驗血單時，我又很快地說：「還有這個。」把醫生開立採集精液的檢驗單推過去。她看完以後，指了指她後面的房間。

「在那裡驗血。」然後慎重地說：「另一項的話，你需要這個。」她遞給我一個塑膠杯和說明書。

「這個不是在這裡做，你要拿去轉角那邊的辦公室。」

我之前真是太低估她了，她顯然是個經驗豐富的老手，一出手就讓我覺得輕鬆不少，感覺這件事會比我原先希望的還簡單。在我們交手過程中，沒有偷笑、沒有意味深長的眼神接觸，也沒有讓人尷尬的用詞，像是精液、自慰之類的。我不必在眾目睽睽之下走進某個小房間，在房外眾人X光透視的眼光前強迫自己交出種子。所有該知道的一切都寫在那張說明書上，大概是這樣的：

把樣本置入杯中。

把杯子拿到另一個辦公室，那裡沒人認識你，也不會再見到你。

不必討論細節。

我興沖沖地驗完血，然後拿著小杯子走到街上，回去騎車。這時候我才想到還有一個問題還沒解決：那個樣本啊，是要怎麼弄進杯裡？當然，這個問題會在第二個辦公室找到解答。奎斯特診斷中心那些親切、周到又敏感的人想必已經考慮到這一切，他們跟我一樣，不會要求這項交易的雙方必須有過多的接觸，而是會有個什麼……私人空間吧。然後我到了第二個辦公室。

第二個辦公室跟第一個有很多相似之處，有更多的過期《時人》雜誌，更多奇怪的女人，接待櫃台後面也有一個陌生人，可是卻少了前一個辦公室有的：廁所。我在那個六層樓建築的一樓白白繞了一大圈之後，又浪費十分鐘搭電梯上下找廁所。每一層都找、每個大廳都闖，有些樓層的確是找到廁所，可是都上鎖，只保留給某些醫生的病人使用。我每扇門都不放棄，拉門的力量越來越大，但沒有一扇拉得開。我曾想過乾脆敲開醫生辦公室的深色木門，請他們給我鑰匙，但又覺得這可能不是個好主意。我也不是來看診的病人，他們可能又會問我一些問題。

我只好又回到街上，騎上自己的腳踏車，那個塑膠杯還在我手上。我可不能再拎著那個悲慘的小杯子回到第一個辦公室，請漂亮的櫃台美眉讓我用她的廁所，我可沒臉說出口，而且可能也違反奎斯特診斷中心的規定吧。使我只能自己想辦法了，我騎著腳踏車在附近繞，找看看有沒有合適的地點。柏克萊街道的建設符合多種利益團體之需，不管是走路的、坐輪椅的、騎自行車的都能各行其道，但顯然就沒人想到會有我這種變態需求。

然後，我找到一個停車場。

停車場的告示顯示：車位已滿。車位滿了才好！意思就是不會再有人下來找車位。既然沒人會進來，那麼唯一風險就是有人要出去，不過現在才下午的中段，把車子停在這兒的醫生和護士應該都還在上班吧。而且這裡又暗又安靜，簡直像個墳場。我看到一輛很大的休旅車，就騎到它的前保險桿和水泥牆之間。這時候我想到：

你正準備在公共停車場擼管，射進一個小塑膠杯。

接著很快又想到：

你一定會被逮的！

我知道有人會因為這樣反而更加「性」致盎然，但我很慶幸我不是其中之一。這樣幹可不成，所以我又騎回到第一個辦公室，剛才我注意到那裡有一個沒人的大廳，我可以坐下來把這些事情好好地想一想。之後的十分鐘，我坐在綠色的人工皮革沙發上，旁邊一位老太太好像是眼睛看不見。我們兩個誰都沒開口說一句話。我上Google搜尋這件事發現，好多做過輸精管切除手術的男人都沒再接受精子檢測，確定手術是否成功。我們男人都曉得自己的強項，這種情況就不是嘛。

過了好久，終於有個醫院的維護人員走過大廳，他的腰帶上掛著大概六十五把鑰匙。他直接走過長長的走廊，花了好幾秒鐘找到正確鑰匙，然後打開一扇門。我隨後朝著走廊跑過去，把耳朵貼在這個沒有標示的門上仔細聽。靠！就是廁所的聲音！我在外頭守著，等了三分鐘、四分鐘、五分鐘，最後聽到沖水的響聲，然後他出來了。

「你要用嗎？」他問。

「是啊。」

「這是員工專用的。」他說。

「用一下沒關係吧。」我說。

「好好把握你的機會！」他說，讓我進入那個冷又窄小的瓷磚隔間。

這裡有種像是新墳墓的感覺，連氣味都像。我把身後的門鎖上，兩眼盯著天花板。「Self-abuse」在這時候可真是貼切啊（譯按：「自慰」的英文，字面上有「自虐」的意思）！

二十分鐘後，我又踩著腳踏車回去奎斯特診斷中心的第二個辦公室，把那個悲慘的小杯子交給櫃台後一個臉帶笑容的男人，然後轉身快逃。

過了一個星期，我收到我醫生寄來的電子郵件。

「驗血結果非常好，」他寫道：「恭喜你。」

又過了一個星期、又一個星期，我還是沒收到另一個幫我動手術的醫生給我訊息，逼得我最後只好自己打電話去問，感覺像是知道哈佛大學已經寄出入學通知書了，我要打電話問為什麼沒收到。電話的另一端，正如他診所的其他員工一樣，是個中國人。她的英文糟透了。

「你叫什麼名字？」她問。

「路易士。」

「路易士，請稍待。」

我等了一會兒，聽到一陣沙沙沙的吵雜聲，以及模模糊糊的談話聲。

「路易士嗎？」

「是的？」

「你有活的精子！」

我心想，她說的可能不是自己的母語。但不管我怎麼解讀這句話，都讀不出「你手術成功」的意思。

「這什麼意思啊？」我問。

「我已經跟你說啦！你有活的精子！你有活的精子！」

「是啊，但這是什麼意思呢？」我問。

「採取防護！」

「你是說，那個手術沒用嗎？」

我幾乎可以聽到她在思考什麼話該說、什麼不該說。

「哎呀，」她終於說：「手術現在沒效！」

「我可以跟醫生說話嗎？」

「醫生現在有病人。」

「我需要和他談一談。」

「他現在有病人。」

「我需要和他談一談。」

「你要醫生打電話給你嗎？」

我是要他打過來，不過他好幾個小時都沒打來。在那幾個小時裡頭，我心裡一直咒罵，這真是個糟糕透頂的笑話、拙劣的執行、違反人道的罪行！當時我自己一個人在工作室，覺得真是可憐又可悲，於是就把工作室打掃了一遍，又做完當天該做的雜事。

把那些雜事搞定之後，我還要找到方圓二十英里之內最厲害的精子殺手，這傢伙已經讓舊金山灣區一些最大的人工授精中心關門大吉。要是北加州的精子們組成一支戰鬥部隊的話，它們一定會去包圍他的辦公室，把他打出加州。我親自去動了手術，抵抗逃走的誘惑，穿著醫院的袍子滿頭大汗，然後又坐在冷凍豌豆上好幾天等待傷口癒合，靜靜地哀悼自己不再擁有生育能力。現在那些正常能力的精子還存在，不應該是我的錯啊！不是嗎？

是不是有可能，有些精子就是打不敗、殺不死？它們是那樣不屈不撓、意志堅定，連手術也不能消滅它們？我心底這些疑問，好像就是答案了。當我把車子停進百思買商場的停車場時，簡直都快暈了。這是大自然創造出的不可能狀況，不是我或任何人可以控制得了。這場大火只能讓它自己燒完。

大概是那時候，我的手機響了。我正站在商場的客戶服務櫃檯和惠普桌上型電腦展示架之間，低頭看看手機看到那個好醫生終於回我電話了。我接起電話，正準備向他說我覺得我的精子是如何天下無敵時，他插嘴打斷。

「那個，」他說：「他們寄回來給我們的報告，有一欄是寫說『精子數目在零到一之間』，他們勾選的是這個。不過這是什麼意思啊？精子怎麼會是在零和一之間呢？」

「這要你告訴我啊。」

「他們發現了一個精子。它可能是附著在試管上，在你採樣本時混進去的。誰知道到底是怎麼回事？」

「可是它說我還有活的精子。」

「它說的是你曾經有過一個精子啦。」

真是個英勇的精子！這個最後的精子自己跑進奎斯特診斷中心的死亡實驗室。它英勇奮戰，為了讓別的精子存活下來。我應該要找到它，給它一個隆重的葬禮。

「正常的樣本會有兩千萬顆活精子在裡頭。」

「可是如果有一個的話，就一定會有更多個不是嗎？」

「哎呀，」他說：「誰知道那一個是怎麼來的？最重要的是，你不會再讓任何人懷孕啦！」

我想了一下這句話。

「如果你想討論這個的話，你可以過來找我。」他親切地說。

奇怪的是，我並不想。

不過那天晚上我做了個夢。我夢見哥倫比亞大學新聞學院的院長尼古拉．雷曼（Nicholas Lemann）突然變成紐約尼克隊的首發控球後衛。夢中，整個紐約尼克隊包括候補球員，都跟我一起躺在一張大床上沉睡，這時候我以前一個女朋友突然衝進來叫醒我。可是我這個女朋友卻不是她以前的樣子，而是一隻身上很多毛的大老鼠。之後的夢境大概就是我一直在跟她玩摔角，不但要閃躲她濕答答又軟趴趴的老鼠舌頭舔到我身上，還要阻止她吵醒尼克隊，因為他們明天有一場重要的比賽。

這一切可說是一種安眠藥超強威力的諷刺禮讚，這種藥專門開給產後嚴重恐慌的媽媽，是塔碧瑟在產後恐慌症發作時剩下的，這真是天賜良藥啊！不只是對她，還有對我：藥效強到可以讓大象睡著。因為很渴望能睡一頓好覺，所以我就吃了一顆，但沒過多久尼克．雷曼就下場助攻，還射進幾個三分球。

我會記得這些，是因為球賽還沒打完，我就被一個站在床邊小孩叫醒。我那兩個女兒每隔幾個月總會有一次在半夜溜進我們臥室，兩眼發亮，帶著鬼祟笑容，說她做了一場噩夢。今天晚上嘛，我看看，原來是迪西。

「爸爸，我做了一個噩夢。」她說。

這時候我的腦子還陷在自己那個詭異夢境中，難以轉換到她身上。那隻毛茸茸的大老鼠到底是在幹嘛啊？還有尼克隊？也許是在這個怪異而不安的一天之後，我需要一些專業運動員來加持，他們是男子漢的象徵。不過如果是這樣的話，我也會挑選賽爾蒂克隊或黃蜂隊啊。後來我就想起來了，當初就是尼克．雷曼說我不該寫自己小孩的事情，尤其是在他們年紀比較大以後，因為我這麼做會讓他們很困擾。尼克說的話通常都是對的，這一次他很可能也說對了。所以，這個題材的寫作應該宣告結束了嗎？如果是該結束了，在這個最後時刻我對這整件事又有什麼想法呢？

就跟做夢一樣，那些身為人父的時刻常常很容易被忘記，而且毫無疑問，這些事情講出來，說的人比聽的人覺得有趣多了。然而這些記憶一旦遺忘，隱含其中的經驗教訓也就跟著一起失散。這個因為遺忘所造成的真空，最後就是由一些養兒育女的專家啦、教你怎麼當爸爸的書啦、還有社工顧問、心理醫生來填補，此外還有一大堆這個、那個的建議來教你怎麼養孩子、當爸爸，但是它們也一定都有一些其他的目的。這些建議其實都不算成功，因為它們都沒能讓人清楚地了解到身為人父的第二法則：要是在教養孩子時你不感到麻煩、困擾，覺得它把你的生活搞得一團糟，那很可能就是你做錯了什麼事，而且有可能把你的孩子搞得一團糟。他們最後總會發現禍首就是你，可能是在接受心理治療的時候，或者是在寫回憶錄的時候。你要是不嚴密監控這些小傢伙，他們絕對有力量扳倒你，讓你永遠翻不了身。所以你要小心提防自己啊！但不要讓任何人知道你想的是這個。

我盯著旁邊六歲小朋友的暗影。「你夢見什麼？」我邊說邊把迪西拉到床上，看到時鐘的數字是半夜三點二十二分。

「我夢見我自己一個人。」她說。

「自己一個人，有什麼感覺呢？」

「覺得傷心。我那時候哭了，真的哭了。」

這時候她高興地擠進爸爸和媽媽中間，再次證明加州特大號的床是如此之大，可以讓兩個大人和一個六歲小孩舒舒服服地睡在一起。

Acknowledgements

致謝

這本書收錄的文章很多是過去八年來在《Slate》和麥可．金斯利（Michael Kinsley）——他也是昆茵的教父——創辦的《Web》雜誌上發表的專欄文章，後來由約伯．韋斯伯格（Jacob Weisberg）進行編輯。約伯的孩子跟我兩個女兒差不多年紀，就算他從來不附和我的自艾自憐，也常常讓我覺得有所鼓勵。艾爾．祖克曼（Al Zuckerman）多年來是我出色的經紀代理人，是他建議我把這些為《Slate》撰寫的文章集結成書。很多專欄文章讀者的第一個反應，是同情那位嫁給作者的太太，她叫塔碧瑟．索倫（Tabitha Soren），有時候我也滿同情她的啦。不過我對她主要是感激。對這本書，她也擔任一些編輯的工作，針對某些事實進行查證和確認，當然也負責製造生產原始材料。

假裝是個好爸爸——抓住上場好時機，老婆、小孩都愛你／麥可・路易士（Michael Lewis）著／陳重亨譯
-- 初版 .-- 台北市：時報文化，2017.11； 256 面； 21×148 公分（人生顧問；287）／譯自：Home game : an accidental guide to fatherhood

ISBN 978-957-13-7214-3（平裝）

1. 路易士 (Lewis, Michael(Michael M.)) 2. 傳記

785.28 106020630

ISBN 978-957-13-7214-3
Printed in Taiwan.

人生顧問 287

假裝是個好爸爸——抓住上場好時機，老婆、小孩都愛你

Home Game: An Accidental Guide to Fatherhood

作者 麥可・路易士 Michael Lewis｜**譯者** 陳重亨｜**主編** 陳盈華｜**編輯** 黃筱涵｜**美術設計** 陳文德｜**執行企劃** 黃筱涵｜**總編輯** 余宜芳｜**發行人** 趙政岷｜**出版者** 時報文化出版企業股份有限公司 10803 台北市和平西路三段 240 號 4 樓 **發行專線**—(02)2306-6842 **讀者服務專線**—0800-231-705・(02)2304-7103 **讀者服務傳真**—(02)2304-6858 **郵撥**—19344724 時報文化出版公司 **信箱**—台北郵政 79-99 信箱 **時報悅讀網**—http://www.readingtimes.com.tw｜**法律顧問** 理律法律事務所 陳長文律師、李念祖律師｜**印刷** 勁達印刷有限公司｜**初版一刷** 2017 年 11 月 10 日｜**定價** 新台幣 320 元｜行政院新聞局局版北市業字第 80 號｜｜時報文化出版公司成立於 1975 年，並於 1999 年股票上櫃公開發行，於 2008 年脫離中時集團非屬旺中，以「尊重智慧與創意的文化事業」為信念。